큰 그림과 큰 글씨로 눈이 편하게!

쓱싹 시리즈 16

쓱싹하고 배우는

파워디렉터 365

★ 저자 김영미 ★

YoungJin.com Y.
영진닷컴

쓱 하고 싹 배우는
파워디렉터 365

401, STX-V Tower 128, Gasan digital 1-ro, Geumcheon-gu, S eoul, Republic of Korea.

All rights reserved. First published by Youngjin.com. in 2023. Printed in Korea

저작권법에 의해 한국 내에서 보호를 받는 저작물이므로 무단 전재와 복제를 금합니다.

ISBN 978-89-314-6971-4

독자님의 의견을 받습니다

이 책을 구입한 독자님은 영진닷컴의 가장 중요한 비평가이자 조언가입니다. 저희 책의 장점과 문제점이 무엇인지, 어떤 책이 출판되기를 바라는지, 책을 더욱 알차게 꾸밀 수 있는 아이디어가 있으면 이메일, 또는 우편으로 연락주시기 바랍니다. 의견을 주실 때에는 책 제목 및 독자님의 성함과 연락처(전화번호나 이메일)를 꼭 남겨 주시기 바랍니다. 독자님의 의견에 대해 바로 답변을 드리고, 또 독자님의 의견을 다음 책에 충분히 반영하도록 늘 노력하겠습니다.

이메일 : support@youngjin.com

주 소 : 서울특별시 금천구 가산디지털1로 128 STXV타워 4층 401호

등 록 : 2007. 4. 27. 제16-4189호

STAFF

저자 김영미 | **기획** 기획 1팀 | **총괄** 김태경 | **진행** 김연희 | **디자인・편집** 박지은

영업 박준용, 임용수 | **마케팅** 이승희, 김근주, 김도연, 김민지, 김진희, 이현아 | **제작** 황장협 | **인쇄** 제이엠

이 책은요!

동영상에 들어가는 이미지, 폰트, 음악을 저작권 걱정 없이 다운로드하고
예제를 따라 하면서 파워디렉터 365 기능을 익히며 영상을 편집하는 방법을 배워요!

❶ POINT

챕터에서 배우게 될 내용을 간략하게 소개해요.

❷ 완성 화면 미리 보기

챕터에서 배우게 되는 예제의 완성된 모습을 미리
만나요.

❸ 여기서 배워요!

어떤 내용을 배울지 간략하게 살펴봐요. 배울 내용을
미리 알아 두면 훨씬 쉽고 재미있게 배울 수 있어요.

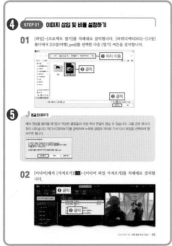

❹ STEP

예제를 하나하나 따라 하면서 본격적으로 기능을
익혀 봐요.

❺ 조금 더 배우기

본문에서 설명하지 않은 내용 중 중요하거나
알아 두면 좋을 내용들을 알 수 있어요.

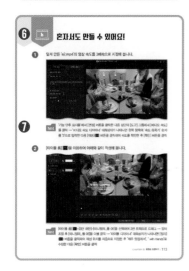

❻ 혼자서도 만들 수 있어요!

챕터에서 배운 내용을 연습하면서 한 번 더 기능을
숙지해 봐요.

❼ HINT

문제를 풀 때 참고할 내용을 담았어요.

이 책의 목차

쓱 하고 싹 배우는
파워디렉터 365

I. 동영상 개요

동영상이 뭐죠?

여행지에 가면 수많은 사진과 동영상을 찍어 즐거운 추억을 남깁니다. 이런 사진과 영상을 개별로 놔두는 것보다 편집해서 간직하거나 여행을 함께한 친구들과 공유하면 더 즐겁습니다. 이 도서는 파워디렉터 365 기능을 이용하여 예제를 따라 하면서 영상을 편집하는 방법을 배웁니다. 그 전에, 동영상에 대하여 알아볼까요?

▌완성 화면 미리 보기

▌여기서 배워요!

동영상이란?, 동영상 확장자 종류 알아보기, 코덱과 인코딩 알아보기

동영상이란?

01 사진처럼 고정된 것이 아니라 정지되어 있는 이미지를 시간차로 실행하여 움직이게 만드는 것을 동영상이라고 합니다. 움직이는 사물을 찍어 처리하기 때문에 사진보다 용량이 클 수밖에 없습니다. 주로 TV 프로그램이나 유튜브, 인스타그램 등 SNS 서비스에 음악 및 소리와 함께 서비스됩니다.

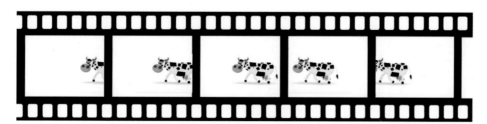

STEP 02 **동영상 확장자 종류 알아보기**

01 **MP4**
국제 동영상 전문가 그룹(MPEG)에서 나온 동영상 파일 형식입니다. 작은 용량으로 좋은 품질의 영상을 볼 수 있는 장점이 있어서 안드로이드 휴대폰이나 태블릿, 노트북에 많이 사용되는 확장자입니다.

02 **AVI**
마이크로소프트에서 만든 Windows 표준 동영상 형식으로 여러 가지 동영상 압축 코덱을 사용할 수 있는 장점이 있습니다.

03 **MOV**
애플에서 만든 동영상 형식으로 용량 대비 뛰어난 화질로 유명하고 자체 압축이 좋습니다. 아이폰에서 사용되는 확장자입니다.

04 **WMV**
마이크로소프트에서 만든 스트리밍 오디오/비디오 파일로 압축률이 좋아서 내려받거나 재생할 때 빠른 편입니다. Windows에서 무조건 실행되는 확장자입니다.

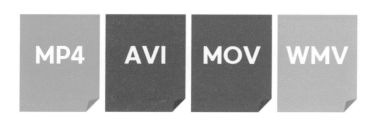

01 코덱이란?

코더(Coder)와 디코더(Decoder)의 줄임말로, 압축과 압축 해제를 말합니다. 기기를 통해 영상을 촬영할 때 영상과 소리를 압축해 저장한 후 컴퓨터에서 압축을 풀어 영상과 소리를 확인할 수 있습니다.

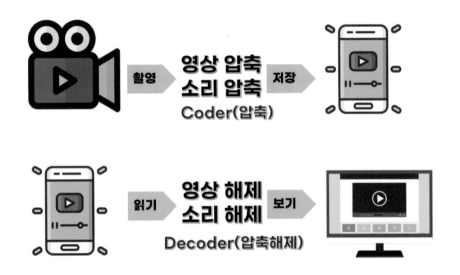

02 통합 코덱

동영상은 코덱의 종류가 다양합니다. 내 컴퓨터에 어떤 코덱이 설치되어 있는지 알 수 없기 때문에 여러 가지 코덱이 설치되어 있는 플레이어를 사용하는데요. 대표적인 플레이어로 '곰플레이어'가 있습니다.

03 인코딩

동영상의 코덱을 변환하는 작업을 말합니다. 내 컴퓨터에 실행되지 않는 동영상을 인코딩(변환)함으로써 원활히 재생할 수 있도록 도와줍니다. 대표적인 인코딩 프로그램으로 '샤나인코더'가 있습니다.

II. 콘텐츠 모으기

스마트폰 사진 및 동영상 모으기-안드로이드

POINT

동영상을 제작 및 편집하려면 미리 찍어 놓은 사진과 영상이 필요합니다. 이번 장에서는 스마트폰에 있는 사진 및 영상을 다양한 방법을 이용하여 컴퓨터에 옮겨 봅니다.

▌완성 화면 미리 보기

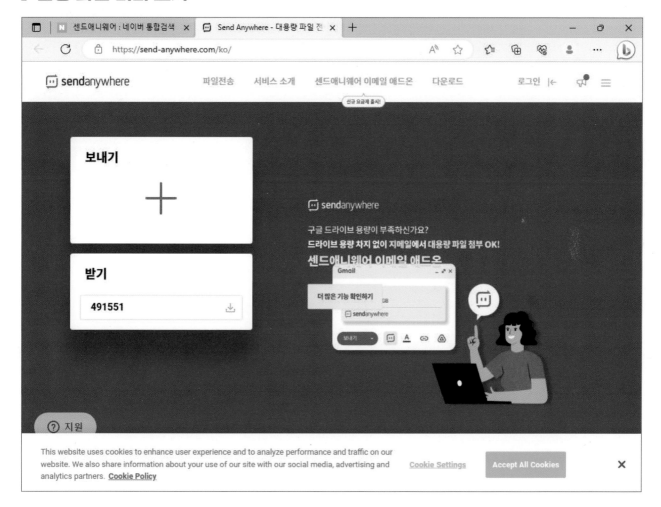

▌여기서 배워요!

케이블로 옮기기, 센드애니웨어로 옮기기

케이블로 옮기기

01 USB 케이블을 스마트폰과 컴퓨터에 연결합니다. '휴대전화 데이터에 접근 허용' 대화상자가 나타나면 [허용]을 터치합니다.

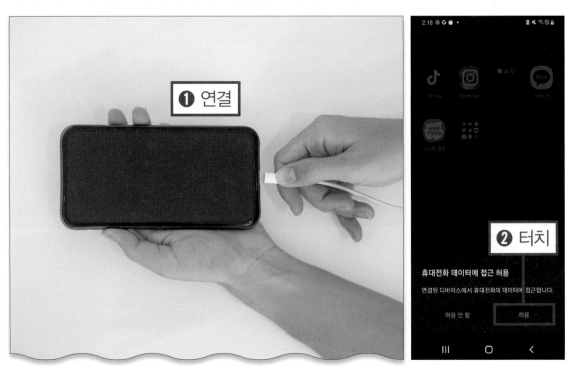

02 바탕화면의 [내 PC]에 접속한 다음 탐색 창이 나타나면 오른쪽에 자신의 휴대폰을 선택하고 [Phone]을 더블 클릭합니다.

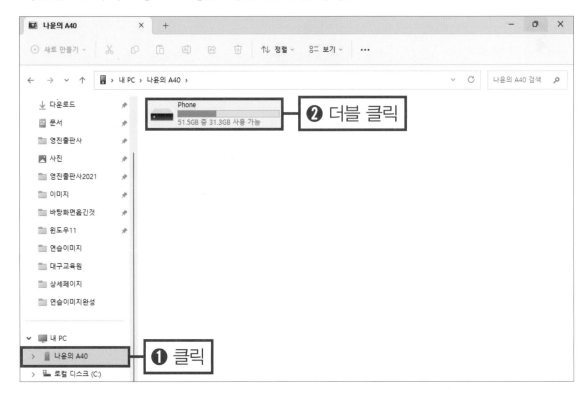

03 [DCIM] 폴더를 더블 클릭한 다음 [Camera] 폴더를 더블 클릭합니다.

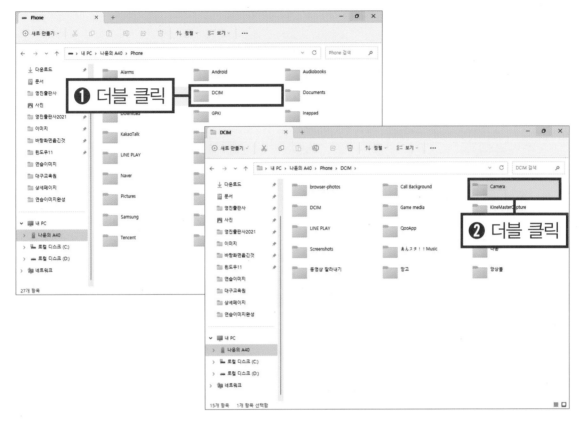

조금 더 배우기

인터넷에서 다운로드한 파일은 [Download], 카카오톡으로 받은 사진은 [Picture] 폴더에 저장됩니다.

04 컴퓨터에 옮길 파일을 Ctrl 이나 Shift 를 이용하여 여러 장 선택한 다음 마우스 오른쪽 버튼을 눌러 [복사]를 클릭합니다.

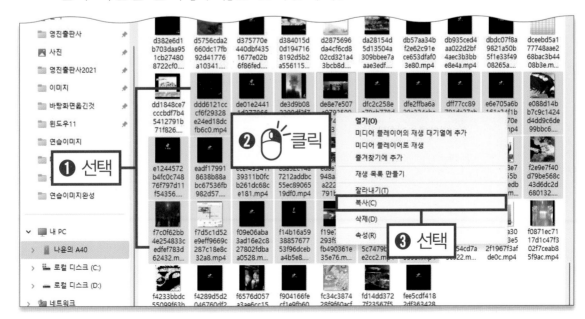

05 왼쪽 목록에서 [바탕 화면]을 클릭합니다. 상단 왼쪽에서 [새로 만들기]-[폴더]를 차례대로 클릭하여 '사진 및 영상' 폴더를 만든 다음 더블 클릭합니다.

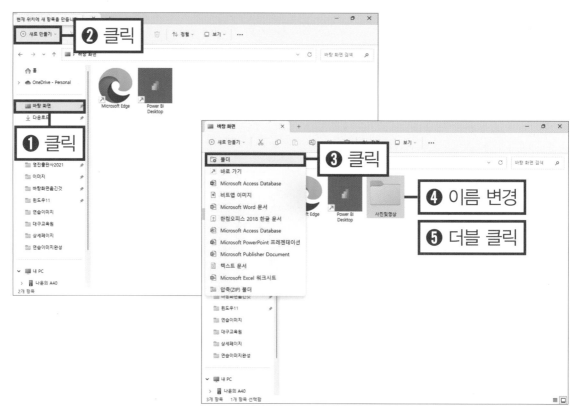

06 복사한 파일을 붙여넣기 위해 빈 공간에 마우스 오른쪽 버튼을 누른 후 [붙여넣기]( ) 버튼을 클릭합니다.

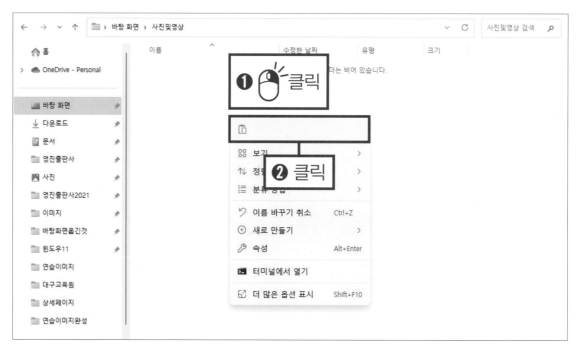

센드애니웨어로 옮기기

01 스마트폰(안드로이드 기준)의 [Play 스토어]에 접속한 다음 검색란에 '센드애니웨어'를 입력하고 [설치] 버튼을 터치합니다. 설치가 완료되면 [열기]를 터치하여 앱을 실행합니다.

02 약관이 나타나면 '(필수)'에 체크한 다음 [확인] 버튼을 터치합니다. '접근 권한 요청'이 나타나면 [다음] 버튼을 터치합니다.

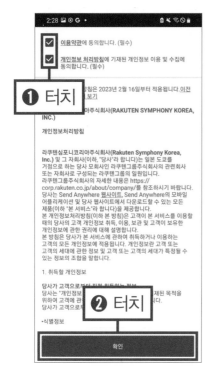

03 센드애니웨어가 실행되면 상단 탭에서 컴퓨터에 보내고자 하는 항목을 선택합니다. 여기서는 [사진]을 선택했습니다. 보낼 파일을 터치하여 선택하고 [보내기]를 터치합니다. 전송 파일의 숫자가 나타납니다.

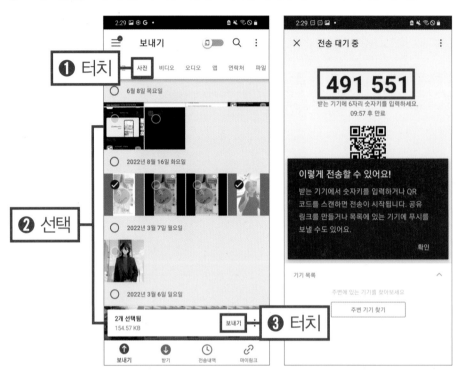

조금 더 배우기

'기기 액세스' 창이 나타나면 [허용]을 터치합니다.

04 인터넷 창을 열어 네이버에 접속한 다음 검색란에 '센드애니웨어'를 입력하여 검색합니다. 아래 웹사이트 중 [Send Anywhere-대용량 파일 전송]을 클릭합니다.

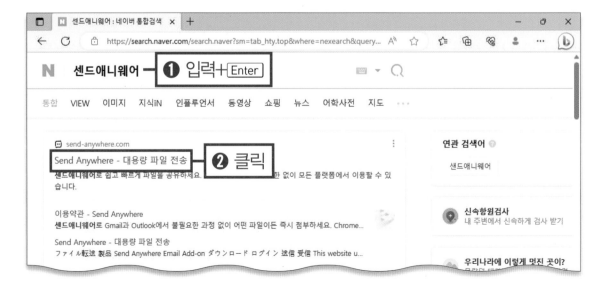

05 '센드애니웨어' 사이트에 접속하면 '받기'에 스마트폰에 나타난 숫자를 입력한 다음 [내려받기](📥) 버튼을 클릭합니다.

06 [다운로드] 폴더로 이동합니다. 다운로드받은 파일에서 마우스 오른쪽 버튼을 누른 후 [압축 풀기] 버튼을 클릭하여 압축을 해제합니다.

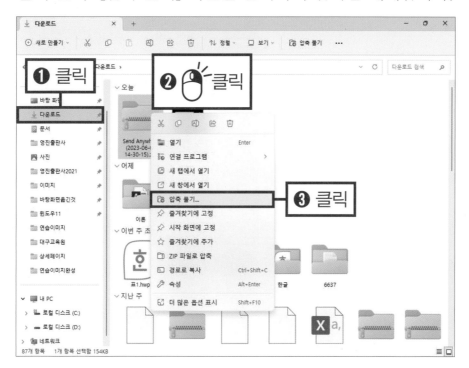

🎣 **조금 더 배우기**

'엣지' 브라우저나 '크롬' 브라우저에서 파일을 다운로드받을 때 기본적으로 [다운로드] 폴더로 저장됩니다. 위치를 변경하고 싶을 땐 각 브라우저의 [설정]–[다운로드] 공간에서 위치나 여러 설정을 바꿔주면 됩니다.

인터넷에서 자료 모으기

영상을 만들 때 필요한 사진이나 음악, 폰트를 인터넷에서 다운로드하여 사용하면 영상 제작에 도움이 됩니다. 이번 장에서는 저작권에 유의하며 영상 제작에 사용할 수 있는 저작권 Free 파일을 다운로드받아 봅니다.

▌완성 화면 미리 보기

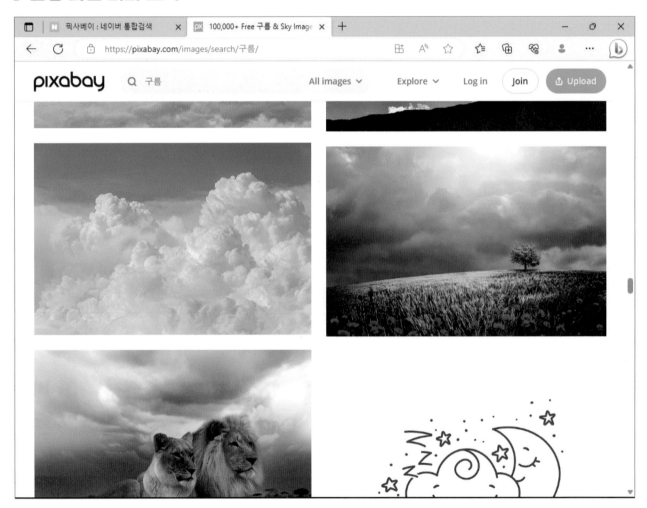

▌여기서 배워요!

이미지 다운로드받기, 폰트 다운로드 및 설치하기, 음악 다운로드받기

이미지 다운로드받기

01 네이버 사이트에 접속한 후 검색란에 '픽사베이'를 입력하고 검색합니다. 아래 웹사이트 목록 중 [4 million+ Stunning Free Images to Use Anywhere-Pixabay-Pixabay]를 클릭합니다.

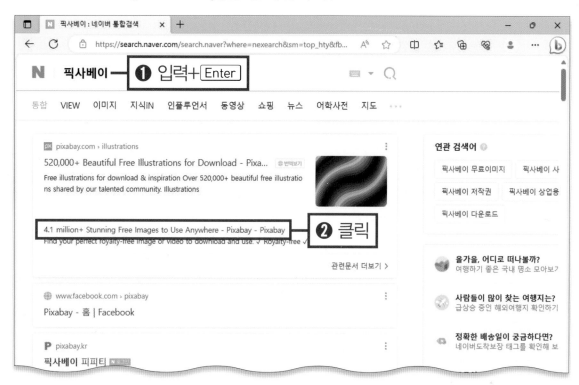

02 픽사베이 사이트에 접속하면 검색란에 '구름'을 입력한 다음 Enter 를 누릅니다. 구름 이미지 목록 중 원하는 이미지를 클릭합니다.

03 상단 오른쪽에서 [다운로드] 버튼을 클릭한 다음 크기를 선택합니다. [다운로드] 버튼을 클릭합니다.

04 이번에는 상단 검색란에 '비행기'를 입력한 후 오른쪽 검색 주제를 [일러스트]로 지정합니다. 검색된 이미지 중 원하는 이미지를 클릭합니다.

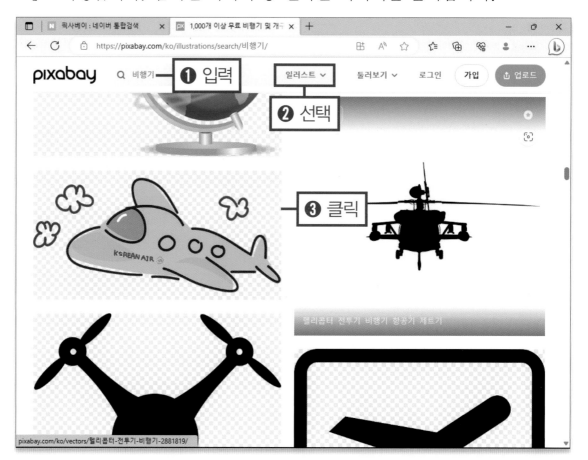

05 상단 오른쪽에서 [다운로드] 버튼을 클릭한 다음 [다운로드] 버튼을 클릭합니다.

백터 이미지 다운로드받기

01 벡터 지도 이미지를 다운로드받기 위해 주소란에 'commons.wikimedia.org'를 입력한 후 Enter 를 누릅니다.

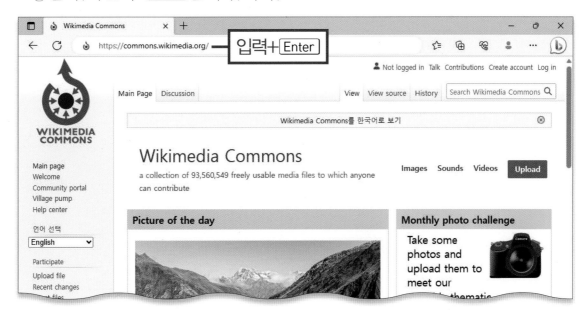

🖊️ **조금 더 배우기**

이미지의 종류는 비트맵과 벡터 이미지로 나뉩니다. 일반적으로 동영상에 쓰이는 이미지는 비트맵 이미지입니다. jpg, png, gif 등이 여기에 해당합니다. 이 비트맵 이미지는 원하는 모양으로 분리가 되지 않으므로 분리가 가능한 벡터 파일을 검색하여 다운로드합니다.

02 상단 오른쪽 검색란에 'svg south korea map'을 입력한 후 `Enter`를 누릅니다.

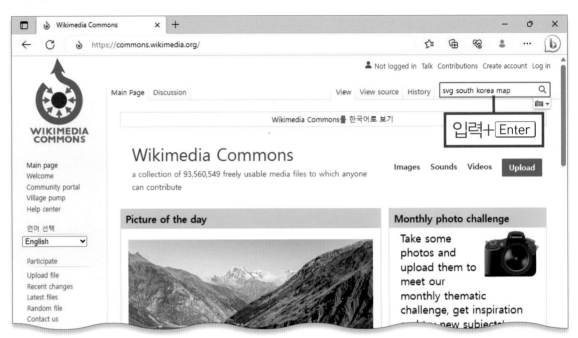

🔖 **조금 더 배우기**

SVG 파일은 대표적인 벡터 이미지입니다.

03 검색된 이미지 중 우리나라 지도를 클릭합니다.

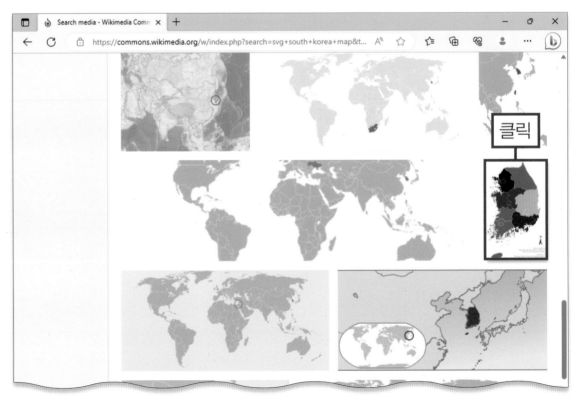

04 오른쪽에 이미지가 크게 나타나면 하단의 이미지 제목을 클릭합니다.

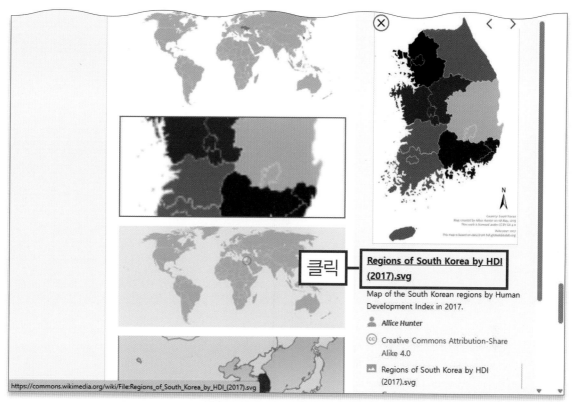

05 [Original file]을 클릭합니다.

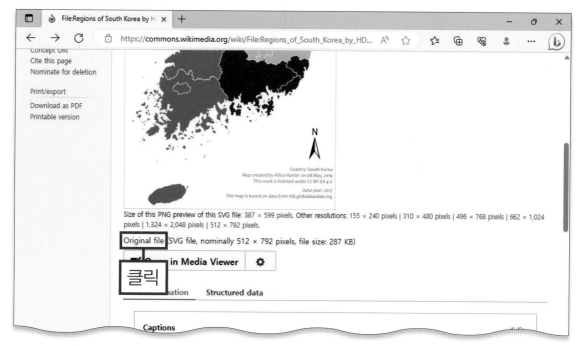

🖐 조금 더 배우기

다른 링크를 클릭하면 png 파일이 다운로드되어 이미지 분리나 색 변환이 되지 않습니다.

06 이미지 창이 새로 열리면 이미지 위에 마우스 오른쪽 버튼을 누른 후 [다른 이름으로 저장]을 클릭하여 원하는 위치에 저장합니다.

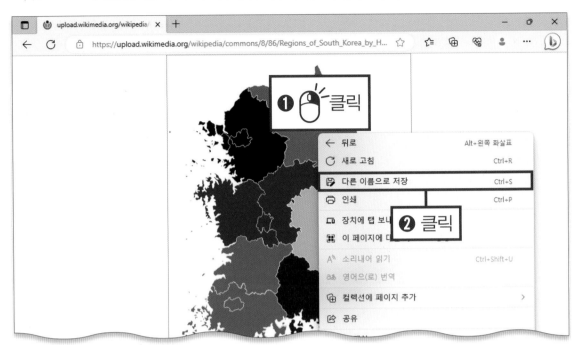

STEP 03 **폰트 다운로드 및 설치하기**

01 네이버 검색란에 '눈누폰트'를 입력하여 검색합니다. 아래 웹사이트 목록에서 [눈누]를 클릭합니다.

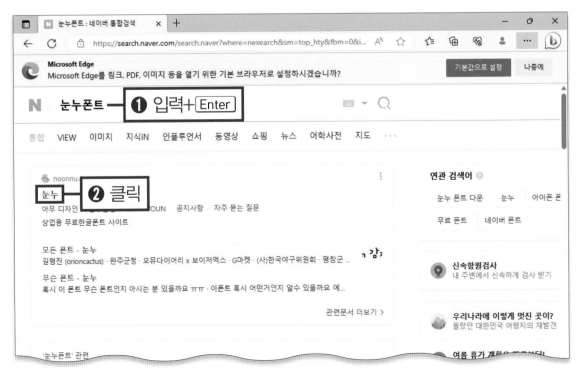

02 눈누 사이트에 접속하면 상단의 [모든 폰트]를 클릭합니다. 목록에서 [완주
대둔산체]를 찾아 클릭합니다.

03 아래 라이선스 요약표를 확인한 다음 상단 오른쪽의 [다운로드 페이지로 이
동] 버튼을 클릭합니다.

04 '완주소개' 페이지가 나타나면 아래로 드래그한 다음 [파일내려받기]를 클릭합니다.

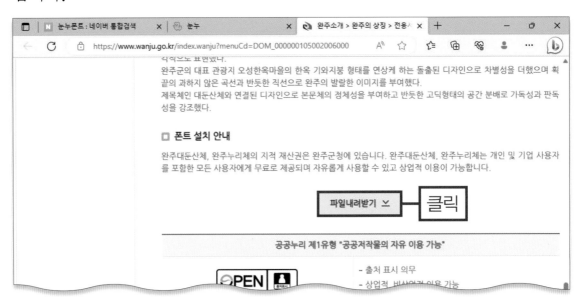

05 [다운로드] 폴더에서 다운로드받은 폰트의 압축을 풀기 위해 폰트에 마우스 오른쪽 버튼을 누른 후 [압축 풀기]를 클릭하여 압축을 풉니다.

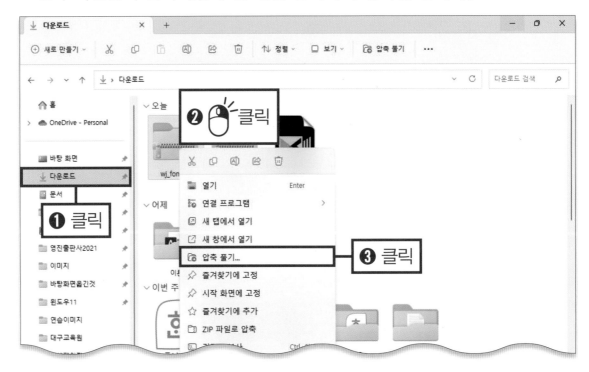

06 [완주대둔산] 폴더를 더블 클릭해서 연 후 [완주대둔산체 Regular.ttf]를 더블 클릭합니다.

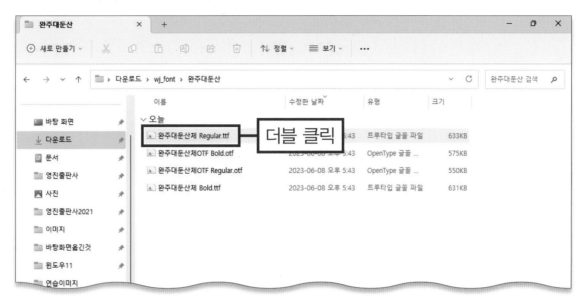

🔖 **조금 더 배우기**

폰트는 TTF, OTF로 나뉩니다. 어떤 것을 받아 설치해도 상관없지만 윈도우를 사용하면 TTF를 설치하는 것이 좀 더 수월합니다.

07 '설치' 창이 나타나면 [설치] 버튼을 클릭합니다.

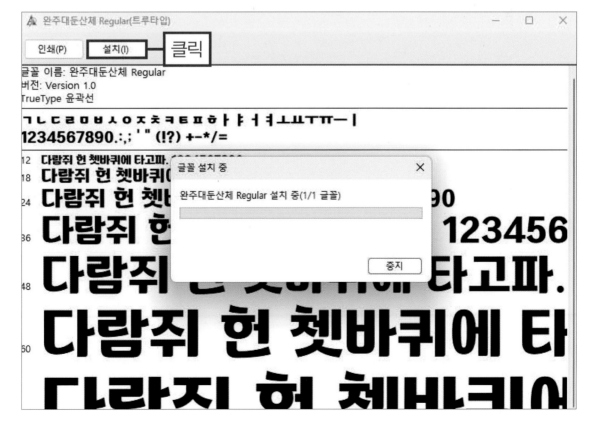

음악 다운로드받기

01 네이버 검색란에 '벤사운드'를 입력하여 검색합니다. 아래 웹사이트 목록 중
[Music for Video Creators–Hear the Difference]를 클릭합니다.

02 상단의 [FREE MUSIC] 버튼을 클릭합니다.

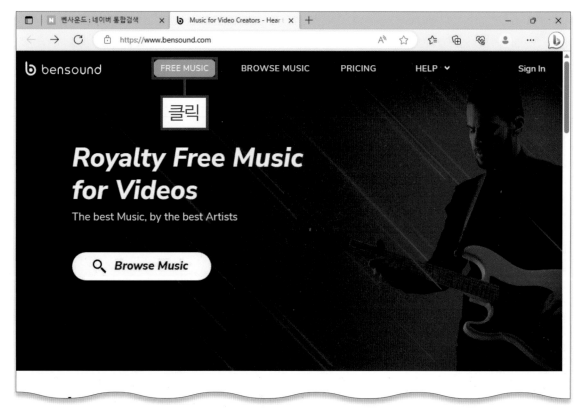

03 음악 목록이 나타나면 음악 이미지를 클릭하여 음악을 들어봅니다. 그중 예제에 쓸 'Creative Minds'의 [Free Download] 버튼을 클릭합니다.

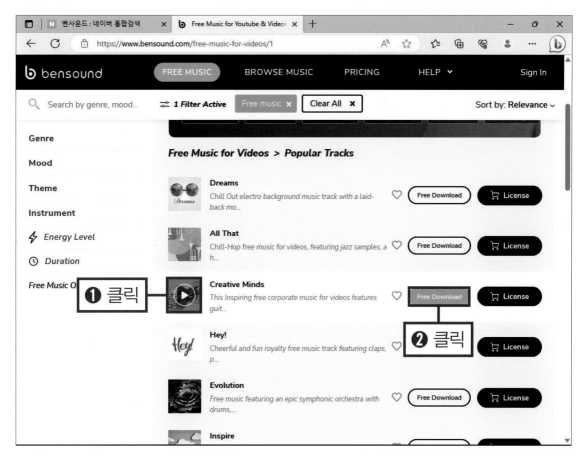

04 라이선스 범위를 확인한 후 [Download music and get Attribution text] 버튼을 클릭합니다.

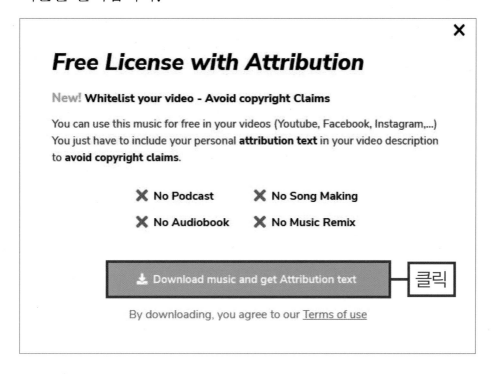

혼자서도 만들 수 있어요!

1 '눈누' 사이트에서 [Gmarket Sans] 체를 다운로드받아 설치해 보세요.

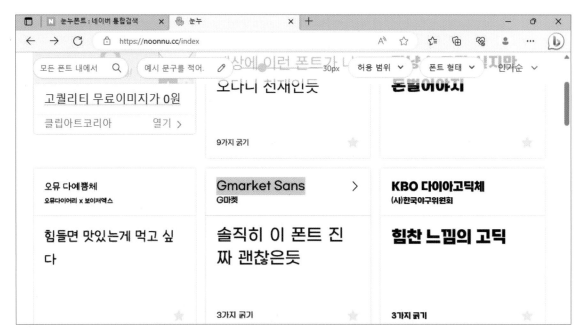

hint '눈누' 사이트에 접속한 후 [모든 폰트] 클릭 → [Gmarket Sans] 클릭 → [다운로드 페이지로 이동] 클릭 → 하단으로 드래그한 후 [TTF] 클릭 → 다운로드받은 파일을 압축 해제한 다음 파일 더블 클릭 후 설치

2 '벤사운드' 사이트에서 [Fun Day] 파일을 다운로드받아 보세요.

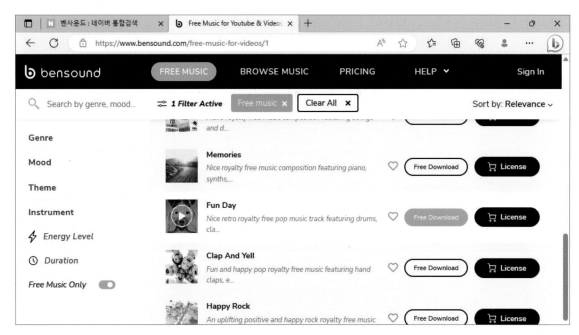

hint '벤사운드' 사이트에 접속한 후 [FREE MUSIC] 버튼 클릭 → 'Fun Day'의 [Free Download] 버튼 클릭 → [Download music and get Attribution text] 버튼 클릭

인터넷에서 이미지 편집하기

POINT

휴대폰으로 사진을 찍으면 해상도가 크기 때문에 용량도 커집니다. 비트맵 이미지는 해상도와 용량이 비례하기 때문입니다. 따라서 해상도 조절 없이 영상을 만들면 영상의 용량이 커질 수 있습니다. 이번 장에서는 프로그램을 쓰지 않고 인터넷에서 이미지를 편집하는 방법을 알아봅니다.

▌ 완성 화면 미리 보기

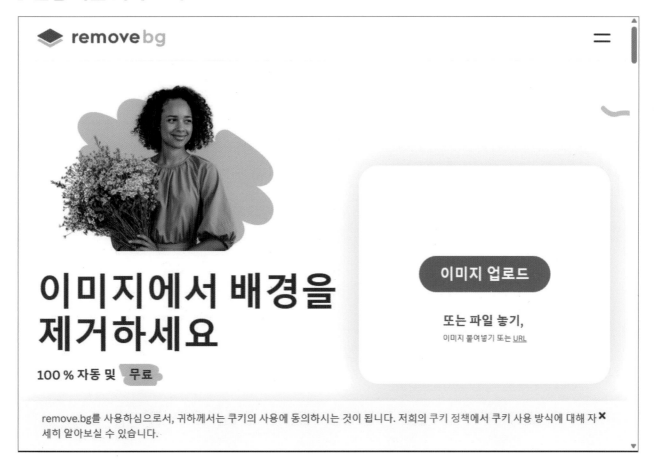

▌ 여기서 배워요!

이미지 크기 조절하기, 이미지 자르기, 이미지 배경 투명하게 편집하기

STEP 01 이미지 크기 조절하기

01 네이버 검색란에 '아이러브이미지'를 입력하여 검색합니다. 아래 웹사이트 목록 중 [iLoveIMG | 쉽고 빠른 온라인 무료 이미지 편집 툴]을 클릭합니다.

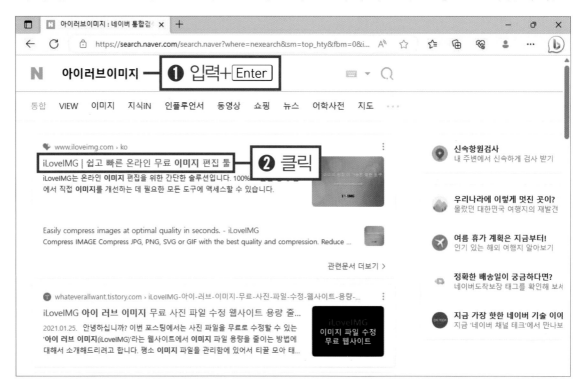

02 '아이러브이미지' 사이트가 나타나면 [이미지 크기 조절]을 클릭합니다.

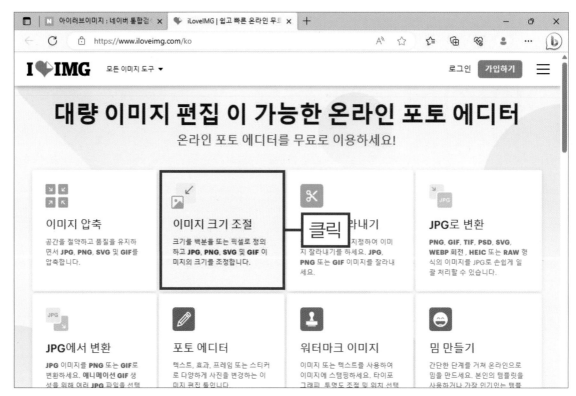

03 [여러 이미지 선택] 버튼을 클릭합니다.

04 [파워디렉터365]-[4장] 폴더로 이동한 후 [a1.jpg] 파일을 선택하고 [열기] 버튼을 클릭합니다.

05 이미지가 업로드되면 오른쪽에 '너비'를 '1400'으로 지정한 다음 [여러 이미지 크기 조절] 버튼을 클릭합니다.

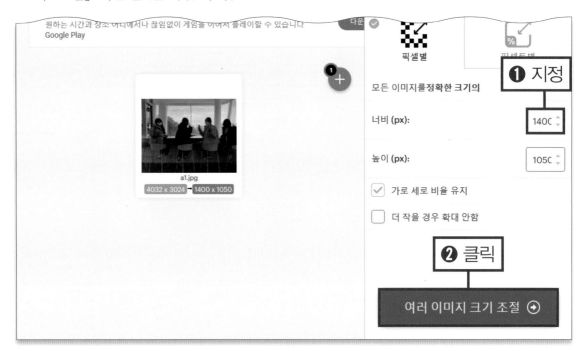

🖐 **조금 더 배우기**

'가로 세로 비율 유지'에 체크가 되어 있기 때문에 높이는 알아서 비율에 맞춰 지정됩니다. 원하는 너비와 높이를 지정하려면 '가로 세로 비율 유지'에 체크를 해지하세요.

06 [조절된 크기의 이미지 다운로드] 버튼을 눌러 조절된 이미지를 원하는 위치에 저장합니다.

이미지 자르기

01 메인 화면에서 [이미지 잘라내기]를 클릭합니다.

02 [여러 이미지 선택] 버튼을 클릭합니다.

03 [파워디렉터365]-[4장] 폴더로 이동한 후 [b1.jpg] 파일을 선택하고 [열기] 버튼을 클릭합니다.

04 이미지에 파란색 조절 버튼이 생기면 마우스로 드래그하여 얼굴 부분만 선택한 다음 [이미지 잘라내기] 버튼을 클릭합니다.

05 [잘라낸 이미지 다운로드] 버튼을 눌러 이미지를 원하는 위치에 저장합니다.

STEP 03
이미지 배경 투명하게 편집하기

01 네이버 검색란에 '리무브bg'를 입력하여 검색합니다. 아래 웹사이트 목록 중 [이미지 배경 제거, 투명 배경 만들기-remove.bg]를 클릭합니다.

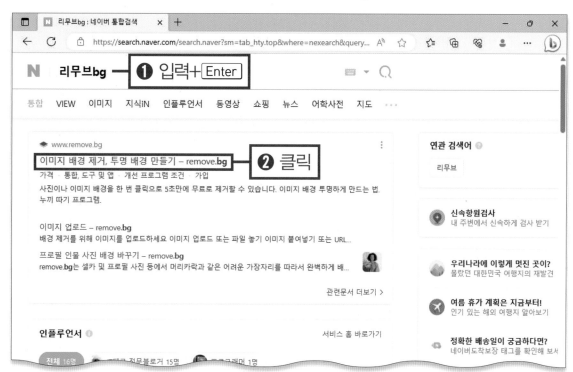

02 'remove bg' 사이트가 나타나면 [이미지 업로드] 버튼을 클릭합니다.

03 [파워디렉터365]-[4장]의 [투명] 폴더로 이동합니다. [c1.jpg] 파일을 선택한 다음 [열기] 버튼을 클릭합니다.

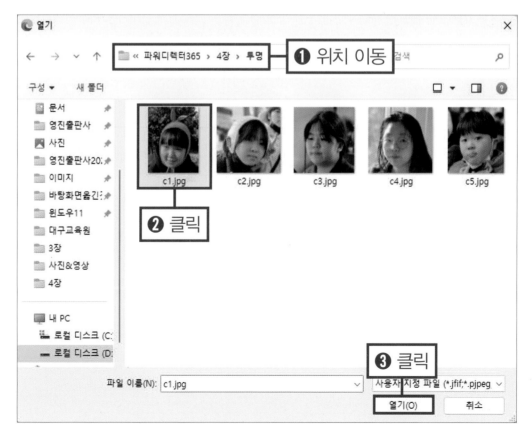

04 기본적으로 배경이 투명해집니다. 여기서는 얼굴만 따로 사용하기 위해 [편집] 버튼을 클릭합니다.

05 '편집' 창에서 [삭제/복구] 탭을 클릭한 다음 [삭제] 버튼을 클릭합니다. '브러 시 사이즈' 조절 바를 드래그하여 조절합니다.

06 몸을 지우기 위해 몸 부분을 여러 번 드래그합니다. [다운로드] 버튼을 클릭한 후 [이미지 다운로드] 버튼을 클릭하여 원하는 위치에 저장합니다.

조금 더 배우기

원하는 부분이 지워지지 않으면 상단 오른쪽의 [자동 감지 끄기]를 클릭합니다. 자동 감지 기능은 마우스로 세세히 드래그하지 않아도 알아서 지워주는 기능입니다. 하지만 자동으로 감지를 하다 보면 지워야 할 부분이 잘 지워지지 않는 단점이 있습니다.

조금 더 배우기

jpg 파일은 동일한 조건에서 다른 이미지 확장자보다 용량이 적은 장점은 있지만 배경을 투명하게 만들지는 못합니다. 배경을 투명하게 설정하여 저장하려면 확장자 png로 합니다. 'remove bg'는 이미지를 저장할 때 무조건 png로 저장합니다. 만약 배경을 투명하게 만든 후 jpg로 저장하면 배경이 흰색으로 변경된다는 점 주의하세요.

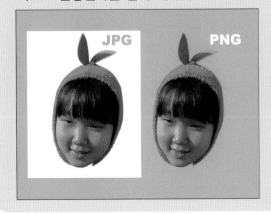

혼자서도 만들 수 있어요!

1 [파워디렉터365]−[4장] 폴더 안의 [b2~b5.jpg] 이미지를 얼굴 부분만 잘라내서 저장
해 보세요.

hint '아이러브이미지' 사이트에 접속한 다음 [이미지 잘라내기] 클릭 → [여러 이미지 선택]을
클릭하여 이미지 업로드 → 얼굴 부분만 드래그하여 조절한 다음 [이미지 잘라내기]−[잘
라낸 이미지 다운로드]를 차례대로 클릭

2 [remove bg] 사이트를 이용하여 [파워디렉터365]−[4장] 폴더 안의 [투명] 폴더에서
[c2~c5.jpg] 이미지의 배경을 투명하게 변경해 보세요.

hint 'remove bg' 사이트에 접속한 다음 [이미지 업로드] 클릭 → 이미지 선택한 다음 [편집]
을 클릭 → 브러시 크기를 조절한 다음 지울 부분 드래그 → [다운로드]−[이미지 다운로
드]를 차례대로 클릭

SVG 파일을 EMF로 변환하기

3장에서 받은 svg 파일을 파워디렉터에 삽입하려면 변환을 해야 합니다. 이번 장에서는 웹사이트 'AnyConv'를 이용하여 svg를 편집 가능한 emf 파일로 변환해 봅니다.

▌완성 화면 미리 보기

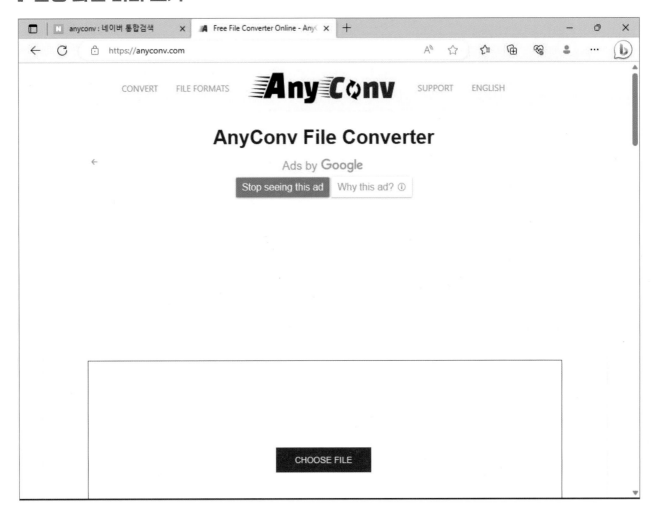

▌여기서 배워요!

svg 파일 emf로 변환하기

svg 파일을 emf로 변환하기

01 네이버 검색란에 'anyconv'를 입력하여 검색합니다. 아래 웹사이트 목록 중 [Free File Converter Online – AnyConv]를 클릭합니다.

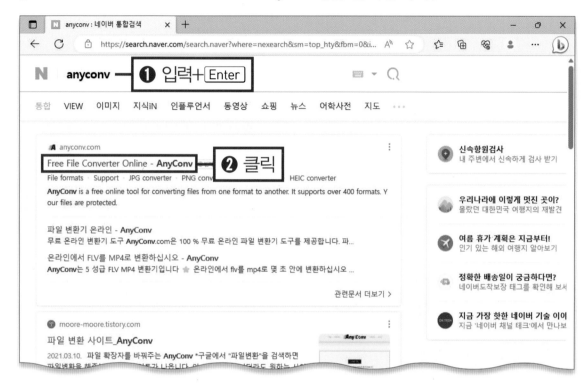

02 'AnyConv' 사이트가 나타나면 상단 왼쪽의 [CONVERT(변환)]를 클릭한 다음 [SVG converter(SVG 변환)]를 클릭합니다.

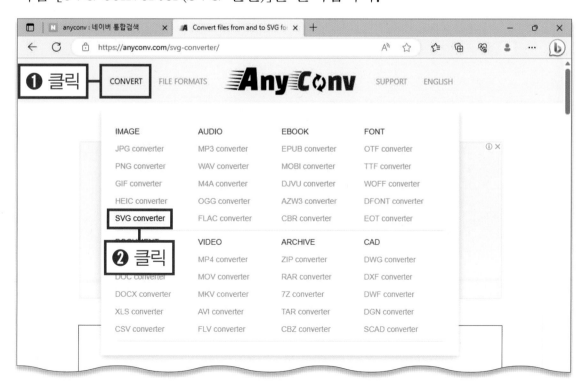

03 아래로 드래그한 다음 [CHOOSE FILE(파일을 선택)] 버튼을 클릭합니다.

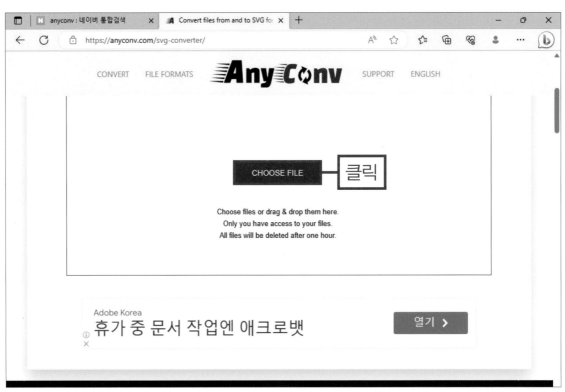

04 [파워디렉터365]–[5장] 폴더에서 [지도.svg] 파일을 선택한 다음 [열기] 버튼을 클릭합니다.

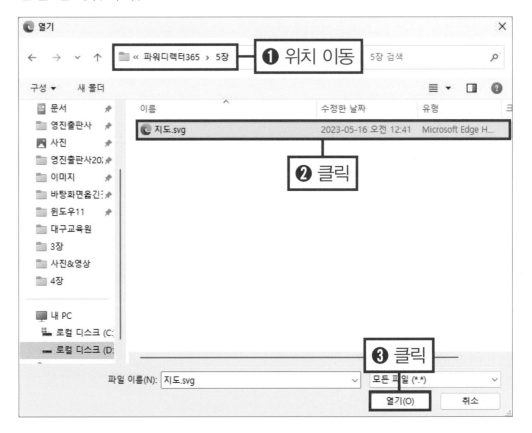

05 변환하고자 하는 확장자를 선택하기 위해 오른쪽의 [목록 선택](🔽) 버튼을 클릭한 다음 [EMF]를 클릭합니다. 변환을 위해 [CONVERT(변환)]를 클릭합니다.

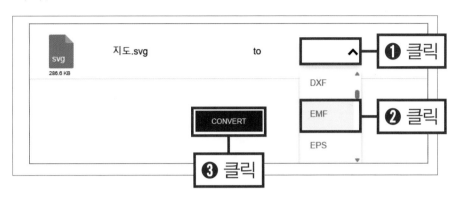

🖊 **조금 더 배우기**

EMF로 변경하면 6장에서 다룰 파워포인트로 편집이 가능합니다.

06 [DOWNLOAD .EMF] 버튼을 클릭하여 원하는 위치에 다운로드합니다.

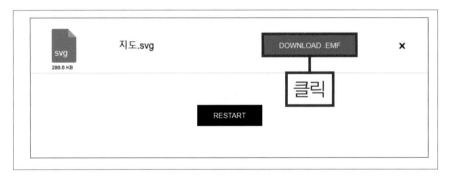

07 아이콘이 변경되어 저장된 것을 확인할 수 있습니다.

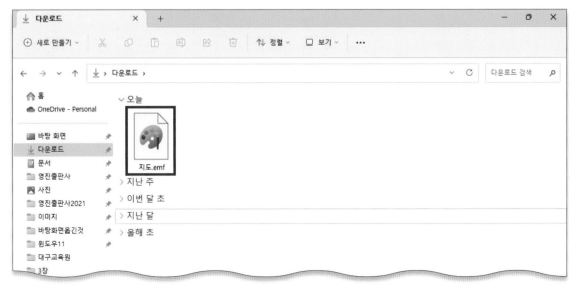

06 파워포인트로 편집하기 - I

그래픽 프로그램 없이도 파워포인트로 이미지를 편집할 수 있습니다. 이번 장에서는 그 첫 번째로 5장에서 변환한 EMF 이미지 파일을 편집해 봅니다. 참고로 교재는 윈도우 11, 파워포인트 2021 버전으로 진행합니다.

▌ 완성 화면 미리 보기

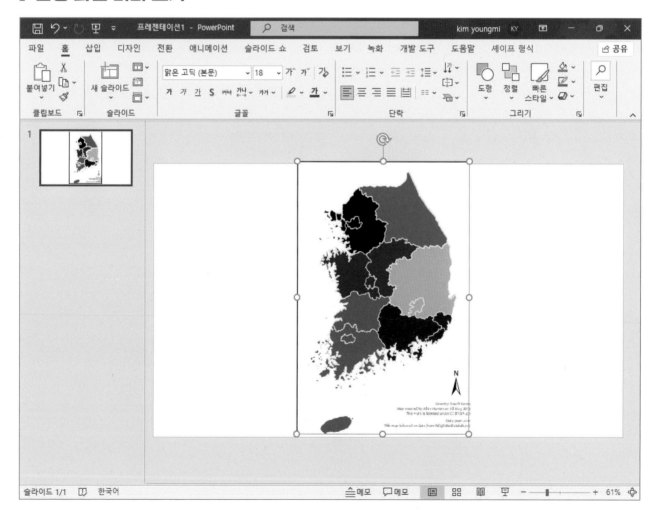

▌ 여기서 배워요!

필요한 이미지만 추출하기, 추출한 이미지 PNG 파일로 저장하기

필요한 이미지만 추출하기

01 바탕화면 작업표시줄에서 [시작]-[PowerPoint]를 클릭합니다.

02 파워포인트 프로그램이 실행되면 [새 프레젠테이션]을 클릭합니다.

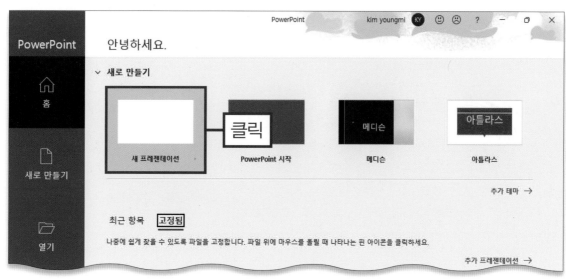

조금 더 배우기

- 버전에 따라 바로 새 슬라이드가 열리는 경우도 있습니다.
- 파워포인트를 편집용 캔버스로 사용하기 때문에 버전 상관없이 자신의 컴퓨터에 설치된 파워포인트를 실행해도 됩니다.

03 슬라이드의 레이아웃을 변경하기 위해 [홈] 탭을 클릭한 후 '슬라이드' 그룹에서 [슬라이드 레이아웃]-[빈 화면]을 차례대로 클릭합니다.

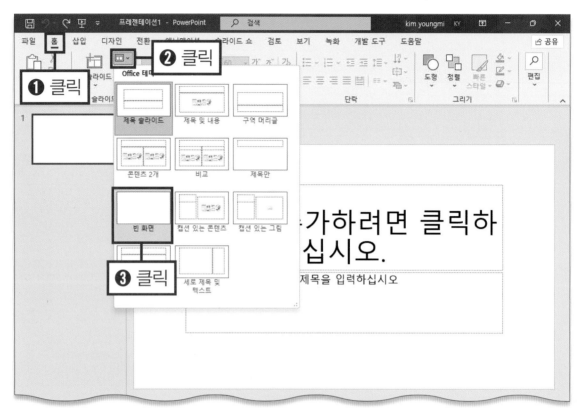

04 이미지를 삽입하기 위해 [삽입] 탭을 클릭한 후 '이미지' 그룹에서 [그림]-[이 디바이스]를 차례대로 클릭합니다.

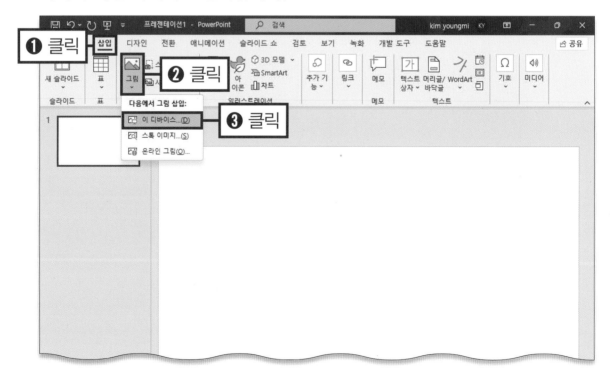

05 [파워디렉터365]–[6장] 폴더에서 [지도.emf] 파일을 선택한 다음 [삽입] 버튼을 클릭합니다.

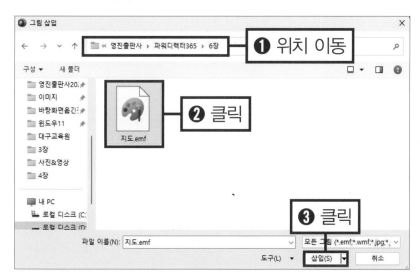

06 이미지가 삽입되면 이미지 위에 마우스 오른쪽 버튼을 누른 후 [그룹화]–[그룹 해제]를 차례대로 클릭합니다.

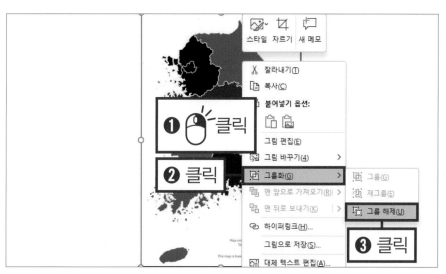

🎣 **조금 더 배우기**

• **그룹 단축키** : Ctrl + G   • **그룹 해제 단축키** : Ctrl + Shift + G

07 '그리기 개체로 변환' 대화상자가 나타나면 [예] 버튼을 클릭합니다.

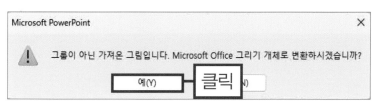

08 한 번 더 이미지 위에 마우스 오른쪽 버튼을 눌러 [그룹화]-[그룹 해제]를 차 례대로 클릭합니다.

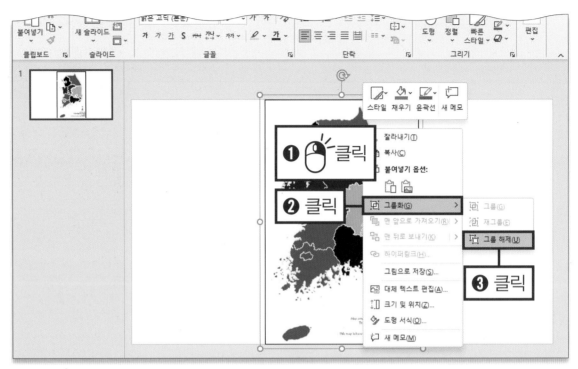

🪝 **조금 더 배우기**

EMF 파일을 그리기 개체로 변환하려면 두 번 그룹을 풀어야 합니다.

09 개체가 풀리는 것을 확인할 수 있습니다.

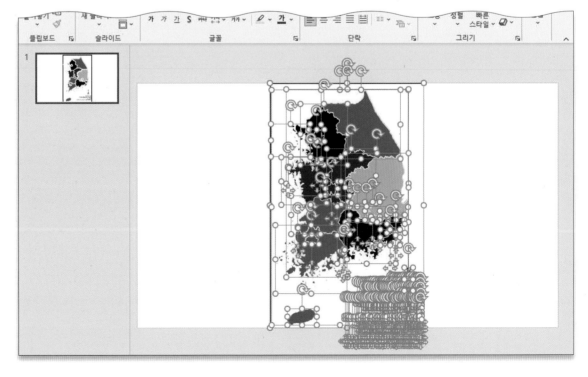

10 불필요한 뒷배경과 뒤의 투명판을 선택한 다음 [Delete]를 눌러 삭제합니다.

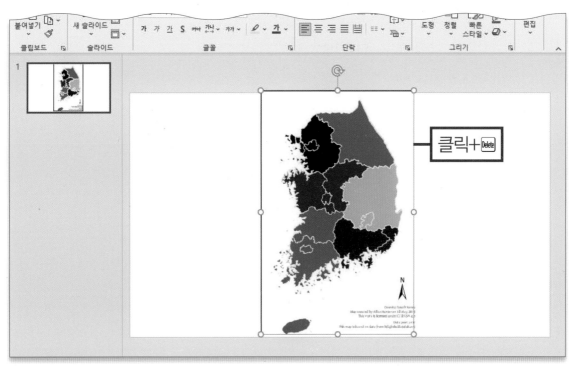

🖉 **조금 더 배우기**

뒤의 투명판은 보이지 않기 때문에 이미지 뒷배경을 클릭한 후 조절점이 생기면 삭제합니다. 삭제하지 않고 이미지에 서식을 주면 전체 서식이 들어가서 이미지 설정이 어려워집니다.

11 아래 텍스트 부분을 지우기 위해 마우스로 드래그하여 텍스트 부분을 전체 선택한 다음 [Delete]를 누릅니다.

추출한 이미지 PNG 파일로 저장하기

01 이미지 전체를 드래그하여 선택합니다.

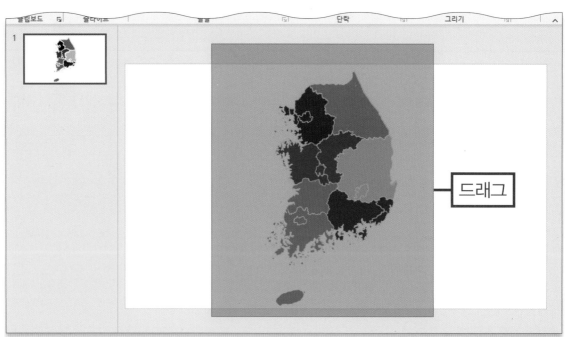

드래그

📌 **조금 더 배우기**

• 전체 선택 단축키 : Ctrl + A

02 이미지가 선택되면 이미지 위에 마우스 오른쪽 버튼을 눌러 [그룹화]−[그룹]을 차례대로 클릭합니다. 그룹이 된 이미지 위에 다시 마우스 오른쪽 버튼을 눌러 [그림으로 저장]을 클릭하여 원하는 위치에 저장합니다.

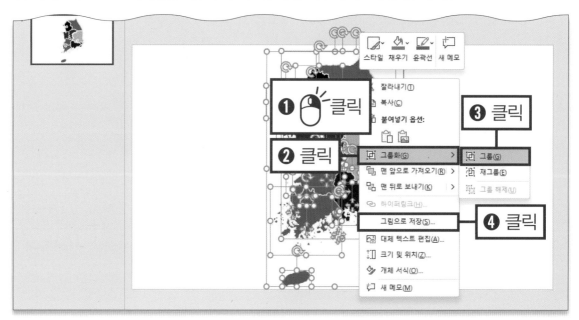

07

파워포인트로 편집하기 - II

이번 장에서는 파워포인트를 이용하여 비행기 이미지와 사람의 합성 이미지를 만들어 보도록 하겠습니다.

▌완성 화면 미리 보기

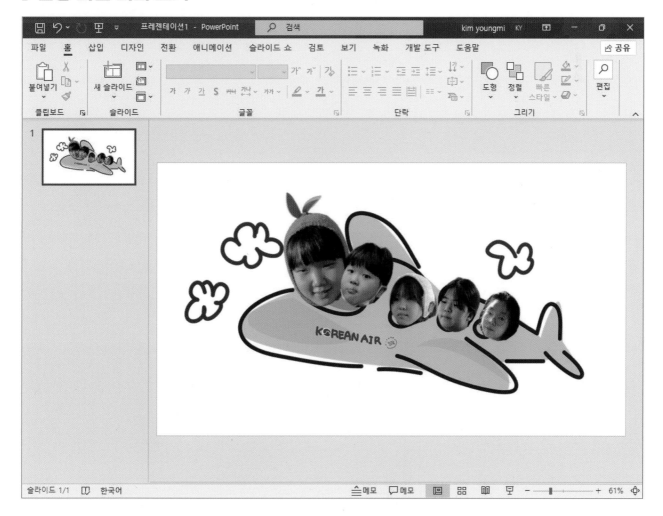

▌여기서 배워요!

이미지 합성하기, 합성 이미지 저장하기

이미지 합성하기

01 새 프레젠테이션의 '빈 화면' 레이아웃에서 [삽입]을 클릭합니다. '이미지' 그룹에서 [그림]-[이 디바이스]를 차례대로 클릭합니다.

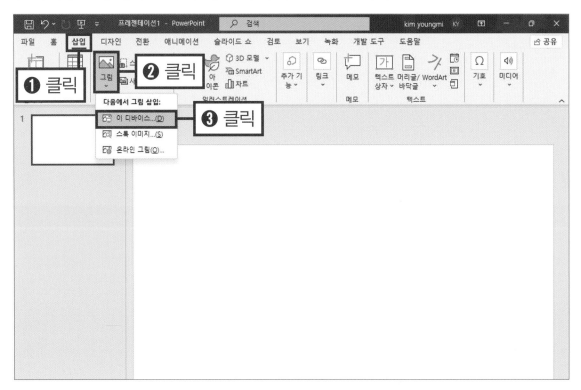

02 [파워디렉터365]-[7장] 폴더에서 [a1.png] 파일을 선택한 다음 Ctrl을 누른 상태로 [비행기.png] 파일을 선택한 후 [삽입] 버튼을 클릭합니다.

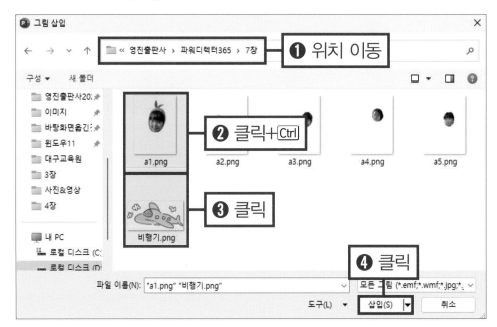

03 [비행기.png] 이미지를 뒤로 보내기 위해 이미지 위에 마우스 오른쪽 버튼을 누른 후 목록에서 [맨 뒤로 보내기]를 클릭합니다.

04 [a1.png] 이미지의 여백을 지우기 위해 이미지를 클릭한 후 [그림 형식]의 '크 기' 그룹에서 [자르기]를 클릭합니다. 자르기 조절점이 나타나면 드래그하여 여백을 줄인 다음 빈 영역을 클릭합니다.

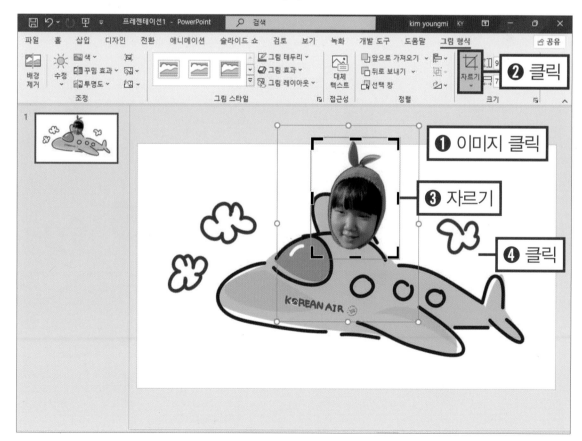

05 [회전](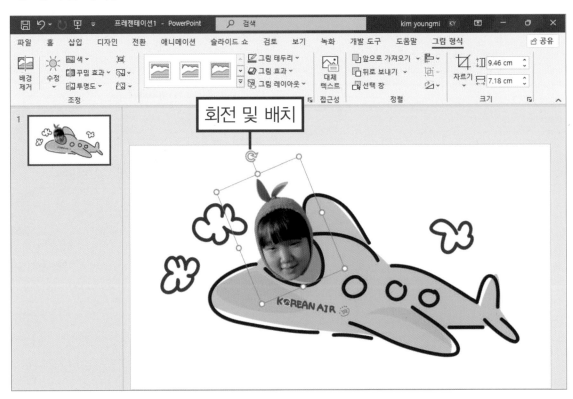) 아이콘을 이용하여 이미지를 그림과 같이 회전한 다음 알맞은 곳에 배치합니다.

06 이번에는 [a2.png]를 삽입한 다음 이미지를 [자르기]합니다.

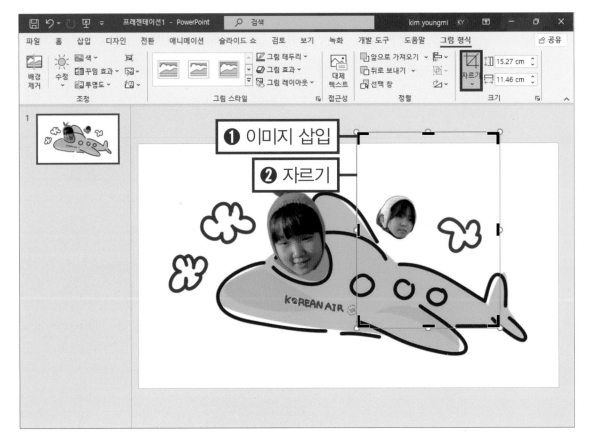

07 [a2.png]가 선택된 상태에서 [그림 형식]의 '정렬' 그룹에서 [개체 회전]−[좌우 대칭]을 차례대로 클릭하여 이미지를 대칭으로 회전합니다.

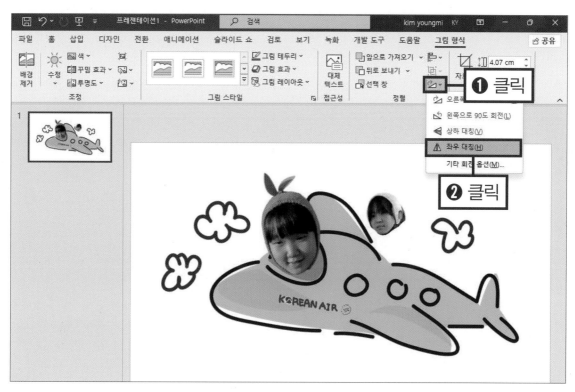

08 나머지 [a3.png], [a4.png], [a5.png] 파일을 그림과 같이 편집하여 배치해 봅니다.

합성 이미지 저장하기

01 드래그하여 이미지를 전체 선택합니다. 이미지 위에 마우스 오른쪽 버튼을 누른 후 목록에서 [그룹화]-[그룹]을 차례대로 클릭합니다.

02 다시 한 번 이미지 위에 마우스 오른쪽 버튼을 누른 후 목록에서 [그림으로 저장]을 클릭하여 원하는 위치에 저장합니다.

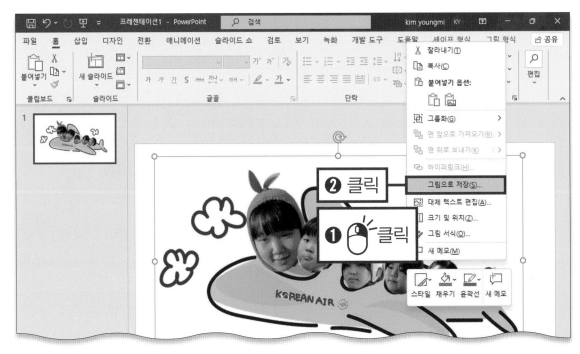

동영상 인코딩하기

POINT

스마트폰으로 찍은 영상을 컴퓨터로 가져와 사용하려면 일단 컴퓨터에서 실행이 되어야 합니다. 만약 컴퓨터로 옮긴 영상이 열리지 않는다면 코덱을 다운로드받아 사용해야 합니다. 이번 장은 코덱을 다운로드받지 않고 윈도우에서 무조건 실행되게 하는 인코딩 방법을 알아봅니다.

▌완성 화면 미리 보기

▌여기서 배워요!

샤나 인코더 다운로드 및 설치하기, 영상 인코딩하기

샤나인코더 다운로드 및 설치하기

01 네이버 검색란에 '샤나인코더'를 입력하여 검색합니다. 아래 웹사이트 목록 중 [샤나]를 클릭합니다.

02 샤나 사이트가 나타나면 하단 왼쪽의 '샤나인코더 다운로드'에서 [샤나인코더(ShanaEncoder)5.3.1.1]을 클릭합니다.

03 하단에서 [ShanaEncoder5.3.1.1.exe]를 클릭합니다. 다운로드가 완료되면 상단 오른쪽의 [파일 열기]를 클릭합니다.

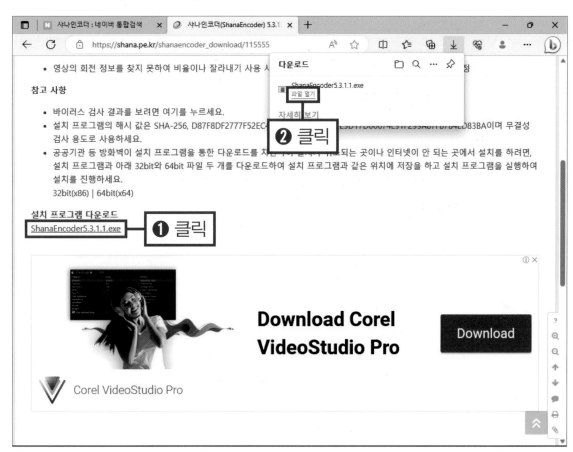

04 '샤나인코더 5.3.1.1 설치' 대화상자가 나타나면 [다음] 버튼을 클릭합니다.

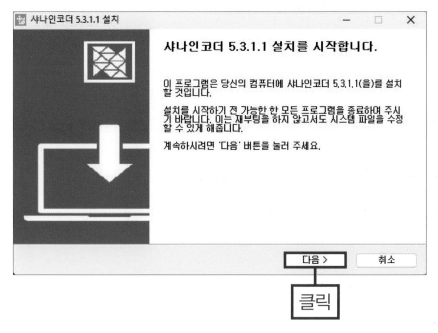

05 '사용권 계약' 대화상자가 나타나면 하단의 [위 사항에 동의합니다.]를 클릭한 후 [다음] 버튼을 클릭합니다.

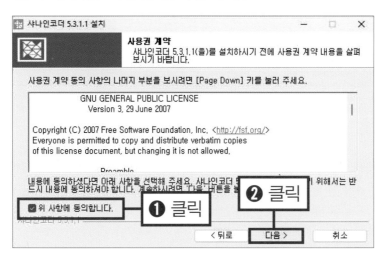

06 다시 '사용권 계약' 대화상자가 나타나면 하단의 [위 사항에 동의합니다.]를 클릭한 후 [다음] 버튼을 클릭합니다.

07 '구성 요소 선택' 대화상자가 나타나면 [다음] 버튼을 클릭합니다.

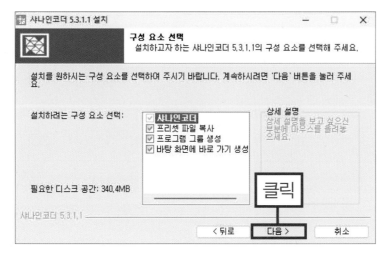

08 '설치 위치 선택' 대화상자가 나타나면 '설치 폴더'를 확인한 후 [설치] 버튼을 클릭합니다.

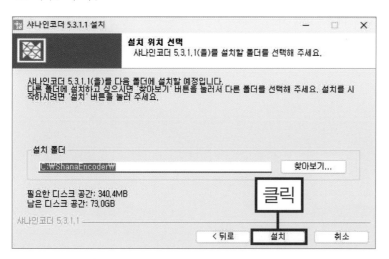

09 설치가 완료되면 [샤나인코더 홈페이지 방문하기]를 클릭하여 체크를 해지한 다음 [마침] 버튼을 클릭합니다.

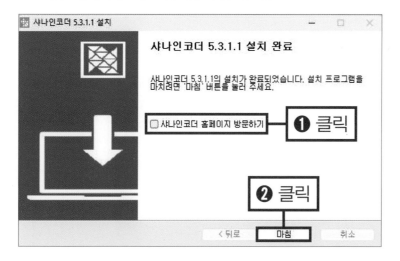

01 바탕화면에 설치된 [샤나인코더]를 더블 클릭하여 실행합니다.

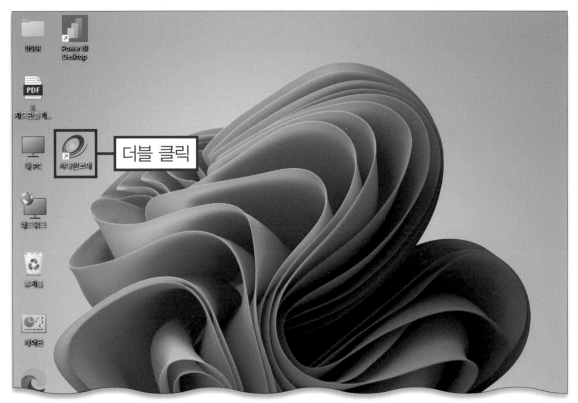

02 인코딩을 위한 파일을 추가하기 위해 [파일 추가] 버튼을 클릭합니다.

03 [파워디렉터365]–[8장] 폴더에서 [b1.mp4] 파일을 선택한 다음 [열기] 버튼을 클릭합니다.

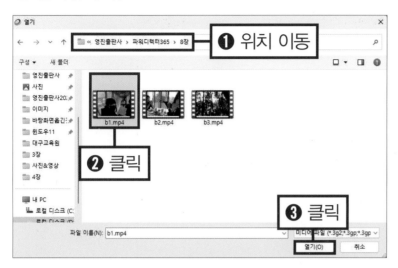

🖐 조금 더 배우기

파일 확장자가 표시되지 않을 땐 '내 PC'나 아무 폴더에 들어간 다음 [보기] 탭의 '표시'에서 [파일 확장명]을 클릭합니다.

04 파일이 삽입되면 오른쪽 항목에서 [파일변환]–[WMV.xml]을 차례대로 클릭한 후 '알림' 대화상자가 나타나면 [예] 버튼을 클릭합니다.

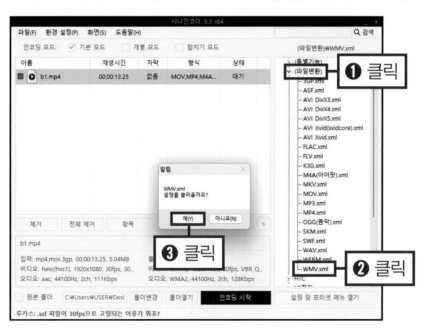

🖐 조금 더 배우기

mp4나 mov 파일은 윈도우11에서 열리지만 간혹, 열리지 않을 때가 있습니다. 이럴 경우 윈도우에서 무조건 열리는 wmv로 변환합니다.

05 하단의 [원본 폴더]에서 저장 경로를 확인한 후 [인코딩 시작] 버튼을 클릭합니다.

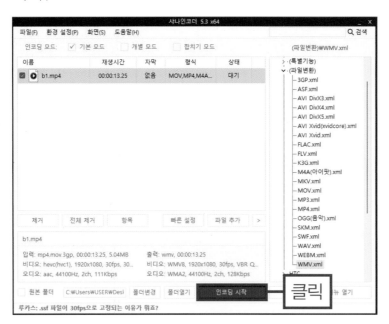

조금 더 배우기

[폴더변경] 버튼을 클릭하여 저장 위치를 변경할 수 있습니다. 기본은 바탕화면에 저장됩니다.

06 바탕화면에서 영상을 확인합니다.

조금 더 배우기

샤나인코더에서 변환하면 파일 이름 앞에 [SHANA]가 붙어 저장됩니다.

혼자서도 만들 수 있어요!

1 [파워디렉터365]-[8장] 폴더에서 [b2.mp4] 파일을 wmv 파일로 인코딩해 보세요.

hint [파일 추가] 버튼 클릭 → [파워디렉터365]-[8장] 폴더에서 [b2.mp4] 파일 선택 → [파일 변환]-[WMV.xml]을 차례대로 클릭 → [인코딩 시작] 클릭

2 [파워디렉터365]-[8장] 폴더에서 [b3.mov] 파일을 mp4 파일로 인코딩해 보세요.

hint [파일 추가] 버튼 클릭 → [파워디렉터365]-[8장] 폴더에서 [b3.mov] 파일 선택 → [파일 변환]-[MP4.xml]을 차례대로 클릭 → [인코딩 시작] 클릭

파워디렉터 365 다운로드 및 설치하기

POINT

프로그램을 예전처럼 전체 구매하여 사용하기보다 한 달에 한 번씩 내가 필요로 할 때만 잠깐 사용할 수 있는 구독 서비스를 많이 이용합니다. 이번 장에서는 파워디렉터 365를 구독으로 다운로드받아 설치하는 방법을 알아봅니다.

▌ 완성 화면 미리 보기

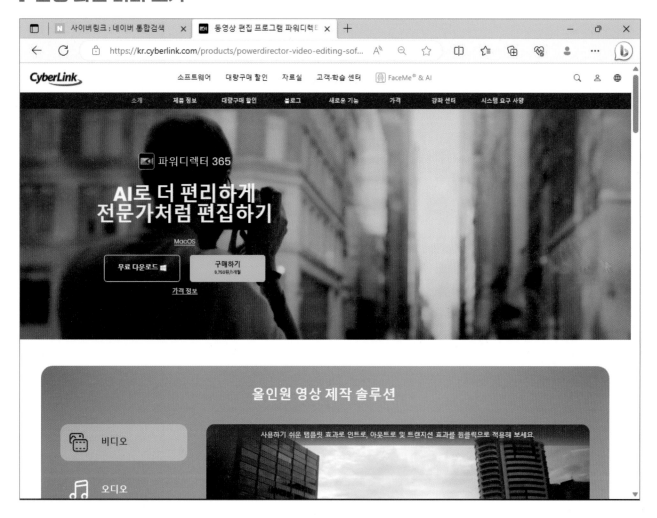

▌ 여기서 배워요!

파워디렉터 365 구독하기, 다운로드 및 설치하기

파워디렉터 365 구독하기

01 네이버 검색란에 '사이버링크'를 입력하여 검색합니다. 아래 웹사이트 목록 중 [사이버링크]를 클릭합니다.

📎 **조금 더 배우기**

사이버링크는 파워디렉터 365를 만든 회사 이름입니다.

02 '사이버링크' 사이트가 나타나면 먼저 회원가입을 해야 하므로 상단 오른쪽에 [사용자](👤) 아이콘을 클릭한 후 [회원가입 해 주세요]를 클릭합니다.

03 '회원가입' 창이 나타나면 '이메일 주소', '패스워드' 등 필수 정보를 입력한 후 [회원가입] 버튼을 클릭합니다.

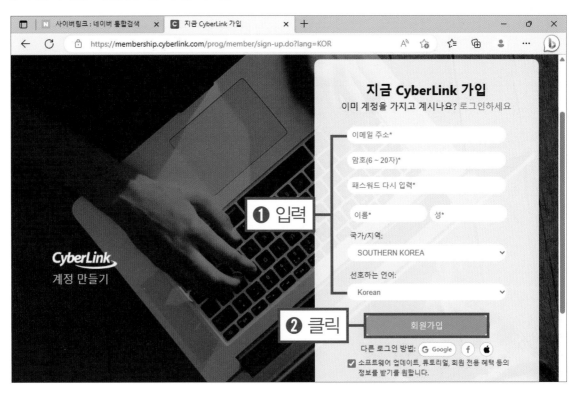

04 가입이 완료되면 로그인한 후 [소프트웨어]-[파워디렉터 365]를 차례대로 클릭합니다.

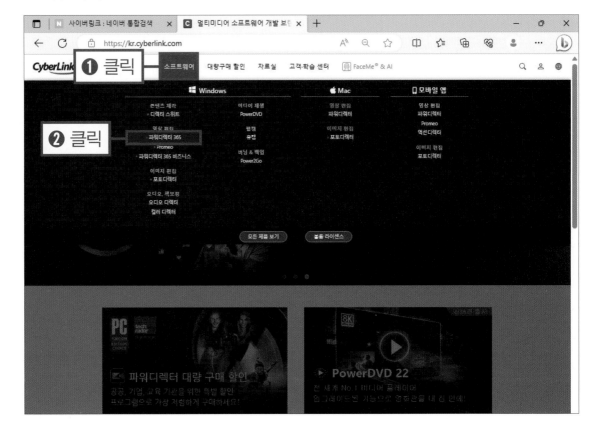

05 가격을 비교해 보기 위해 [가격 정보]를 클릭합니다.

06 가운데 '파워디렉터 365' 연간 플랜의 가격을 확인한 후 [구매하기] 버튼을 클릭합니다.

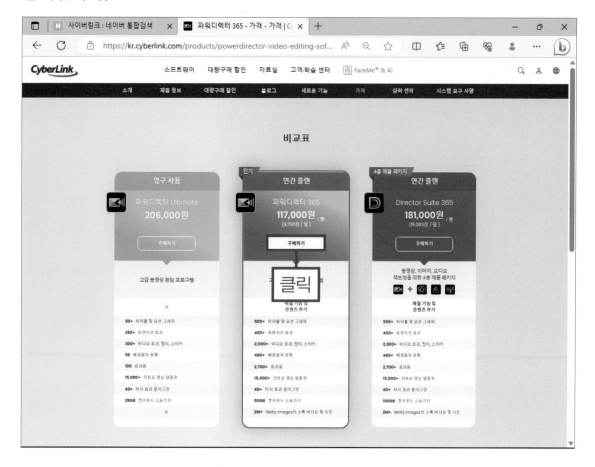

07 [1개월]을 선택한 후 [계속하기] 버튼을 클릭합니다.

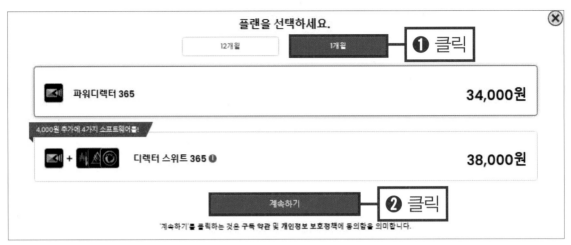

08 내용을 확인한 후 [결제하기] 버튼을 눌러 결제에 대한 내용을 입력한 후 결제를 완료합니다.

다운로드 및 설치하기

01 [사용자]( ) 아이콘을 클릭한 후 [계정 정보] 버튼을 클릭합니다.

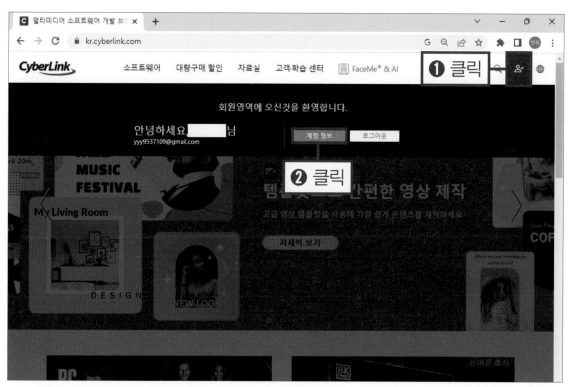

02 'CyberLink 회원영역' 창이 나타나면 하단 오른쪽의 [제품관리]를 클릭합니다.

03 '구독 제품'에서 [지금 다운로드]를 클릭합니다.

04 'CyberLink Application Manager' 대화상자가 나타나면 [다운로드]를 클릭합니다.

05 다운로드받은 응용프로그램을 더블 클릭하여 설치합니다.

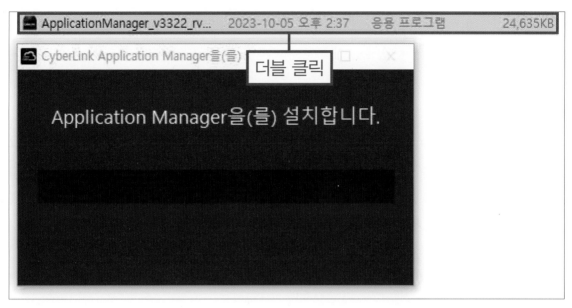

06 'CyberLink Application Manager가 무엇입니까?' 대화상자가 나타나면 [로그인]을 클릭합니다.

07 'Application Manager' 화면에서 '파워디렉터 365'의 [설치] 버튼을 클릭합니다. '이용약관' 대화상자가 나타나면 [동의]를 클릭합니다.

08 설치가 완료되면 [열기] 버튼을 클릭합니다.

🔖 **조금 더 배우기**

'설문 참여' 대화상자가 나오면 [아니요, 참여하지 않겠습니다.] 버튼을 클릭하세요.

09 '더 뛰어난 성능을 위해 GPU의 하드웨어 가속을 최적화하시겠습니까?' 대화
상자가 나타나면 [예]를 클릭합니다.

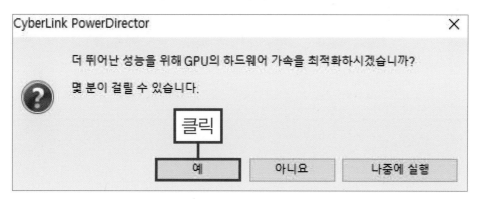

10 '분석 중' 대화상자가 나타납니다. [새 프로젝트]를 클릭하면 파워디렉터를
사용할 수 있습니다.

파워디렉터 365 화면 설명 및 기본 기능 익히기

파워디렉터 365 프로그램 설치가 완료되었다면 이번 장에서는 본격적으로 영상을 제작하기 전 화면 구성 및 기본 기능을 익혀봅니다.

완성 화면 미리 보기

여기서 배워요!

파워디렉터 365 화면 구성, 사진, 동영상 삽입 및 편집, 클립 끼워 넣기 및 삭제하기, 영상에 기본 자막 넣기

파워디렉터 365 화면 구성

01 [시작]-[모든 앱]을 차례대로 클릭합니다. 목록에서 [CyberLink PowerDirector 365]를 클릭합니다.

02 'PowerDirector 365' 시작 화면에서 [새 프로젝트]를 클릭합니다.

🖋 조금 더 배우기

시작 화면에서 '프로젝터 화면 비율 설정'을 이용하여 영상의 비율을 미리 설정하고 작성할 수 있습니다.

① **메뉴** : 기본 메뉴들이 나열되어 있습니다.

② **메인 도구** : 미디어, 타이틀, 전환, 효과, 오버레이, 자막, 템플릿으로 구성되어 있습니다.

③ **보기 도구** : 영상에 필요한 사진이나 동영상, 음악 등을 불러오거나 보기 설정을 지정할 수 있습니다.

④ **라이브러리 창** : 영상 편집에 필요한 미디어 콘텐츠가 등록되어 있습니다.

⑤ **미리보기 창** : 라이브러리에 등록된 미디어를 재생하거나 편집 중인 영상을 확인할 수 있습니다.

⑥ **기능 단추 표시줄** : 영상이나 사진을 보정하는 기능을 가지고 있습니다.

⑦ **편집 작업 영역** : 사진, 동영상, 음악 등을 가져와 실제로 편집하는 공간입니다.

기본 기능 익히기 - 사진/동영상 삽입 및 편집

01 [미디어]에서 제공하는 샘플 사진 중 [food.jpg] 파일을 드래그해 '비디오 트랙 1'에 위치시킵니다.

조금 더 배우기

'타임헤더 위치 설명' 대화상자가 나타나면 내용을 확인한 후 [다시 표시 안함]–[확인]을 차례대로 클릭합니다.

02 이번에는 샘플 영상 중 [Mountainbiker.mp4] 파일을 드래그해 '비디오 트랙1'의 'food.jpg' 파일 옆에 위치시킵니다.

조금 더 배우기

영상 노이즈 팁이 나타나면 [사용] 버튼을 눌러 노이즈 내용 조절 부분을 확인한 후 닫고 사용합니다.

03 사진이 보이는 시간을 조절하기 위해 [food.jpg] 파일을 클릭한 후 '기능 단추 표시줄'에서 [선택한 클립의 길이 설정](⊙) 버튼을 클릭합니다. 대화상자가 나타나면 '00:00:03:00'으로 입력한 후 [확인] 버튼을 클릭합니다.

🖋 **조금 더 배우기**

'00:00:03:00'은 '시:분:초:프레임'을 나타냅니다. 기본 사진이 보이는 시간은 5초입니다.

STEP 04 **기본 기능 익히기 - 클립 끼워 넣기 및 삭제하기**

01 샘플 사진 중 [Landscape 02.jpg] 파일을 'food.jpg'와 'Mountai...iker. mp4' 사이로 드래그합니다. 실행 목록이 나타나면 [삽입]을 클릭합니다.

02 트랙1에 삽입된 [food.jpg]를 클릭한 후 Delete 를 누릅니다. 실행 메뉴가 나타나면 [간격 제거 및 채우기]를 클릭합니다.

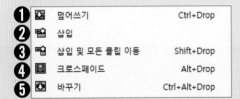

조금 더 배우기

- 실행 목록 알아가기
  - **삽입 메뉴**

❶	🔲	덮어쓰기	Ctrl+Drop
❷	🔳	삽입	
❸	🔳	삽입 및 모든 클립 이동	Shift+Drop
❹	🔲	크로스페이드	Alt+Drop
❺	🔲	바꾸기	Ctrl+Alt+Drop

① **덮어쓰기** : 겹쳐진 클립에 새로 삽입된 클립의 시간만큼 덮어쓰기됩니다.

② **삽입** : 겹쳐진 클립을 오른쪽으로 밀고 삽입됩니다.

③ **삽입 및 모든 클립 이동** : 겹쳐진 클립에 묶여 있는 모든 클립이 이동됩니다.

④ **크로스페이드** : 클립이 서로 겹쳐져 페이드 효과를 줍니다.

⑤ **바꾸기** : 겹쳐진 클립과 완전히 바뀝니다.

  - **삭제 메뉴**

❶	간격 제거 및 만들기	Shift+Del
❷	간격 제거 및 채우기	Ctrl+Del
❸	제거, 간격 채우기, 모든 클립 이동	Alt+Del

① **간격 제거 및 만들기** : 삭제 시 클립이 있던 공간이 그대로 남습니다.

② **간격 제거 및 채우기** : 삭제 시 같은 트랙에 있는 뒤의 클립이 앞으로 채워집니다.

③ **제거, 간격 채우기, 모든 클립 이동** : 삭제 시 뒤에 있는 모든 트랙의 클립이 앞으로 채워집니다.

영상에 기본 자막 넣기

01 [미디어]의 샘플 영상 중 [Mounti...iker.mp4]를 드래그하여 1번 트랙에 위치시킨 후 [자막]을 클릭합니다.

02 [수동으로 자막 만들기] 버튼을 클릭합니다.

03 상단의 [현재 위치에 자막 마커 추가](+) 버튼을 클릭한 다음 [편집하려면 클릭]을 클릭하여 보기와 같이 입력합니다.

04 1번 트랙 위에 자막이 추가된 것을 확인할 수 있습니다. 자막을 하나 더 추가하기 위해 자막을 드래그하여 조절합니다.

05 다시 [현재 위치에 자막 마커 추가](➕) 버튼을 클릭한 다음 [편집하려면 클릭]을 클릭하여 아래와 같이 입력합니다.

사용자 환경 설정 지정하기

사용자 환경 설정에는 여러 가지 기본 옵션 기능이 있습니다. 여기서는 사용자 환경 설정을 이용하여 사진이나 효과의 길이 즉, 기본 시간을 조절하는 기능을 익혀봅니다.

▌완성 화면 미리 보기

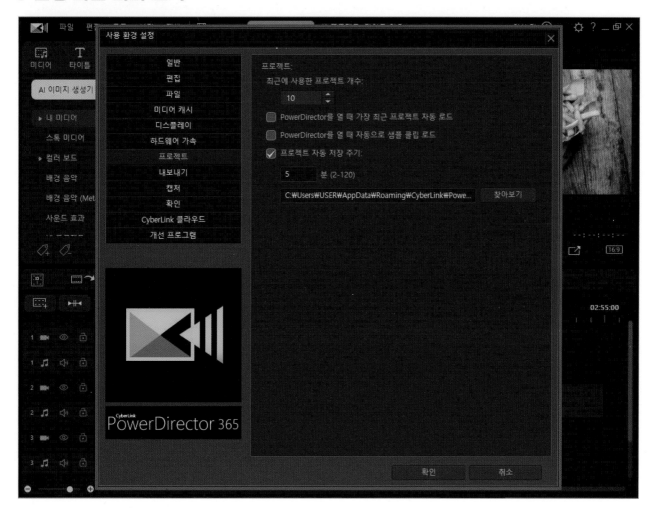

▌여기서 배워요!

길이 조절하기

길이 조절하기

01 사진의 보이는 시간을 확인하기 위해 [미디어]에서 [가져오기]–[미디어 파일 가져오기]를 차례대로 클릭합니다.

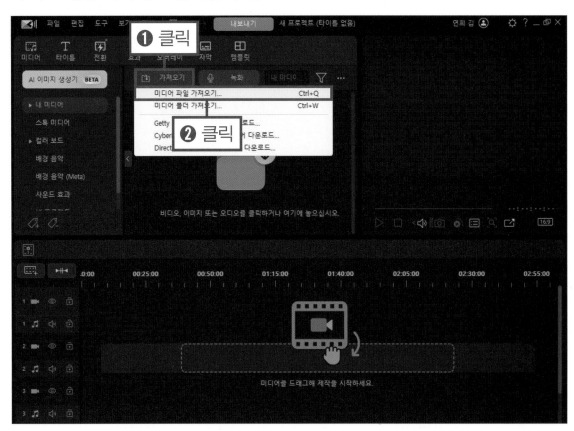

02 [파워디렉터365]–[11장] 폴더에서 [a1.jpg] 파일을 선택한 다음 [열기] 버튼을 클릭합니다.

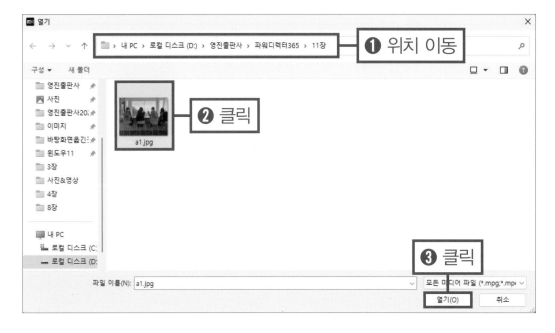

03 [보기 표시/숨기기](◀) 버튼을 클릭하여 라이브러리 화면을 확대시킵니다. [a1.jpg] 파일을 1번 트랙에 드래그한 후 마우스 포인터를 올려 '길이'를 확인합니다. 기본 '5초'로 지정되어 있는 것을 확인할 수 있습니다.

04 제목표시줄 상단 오른쪽의 [환경 설정](⚙) 버튼을 클릭합니다. '사용 환경 설정' 대화상자가 나타나면 [편집] 항목의 '길이' 그룹에서 '이미지 파일'의 시간을 '3'초로 수정한 후 [확인] 버튼을 클릭합니다.

05 동일한 이미지 [a1.jpg] 파일을 다시 한 번 1번 트랙으로 드래그한 다음 마우스 포인터를 올려 '길이'를 확인합니다. '3초'로 지정되어 있는 것을 확인할 수 있습니다.

조금 더 배우기

동영상을 만들다 보면 시스템 환경에 따라 프로그램이 멈출 수 있습니다. 이럴 때 자동 저장 주기를 확인하는 것이 좋습니다. '사용 환경 설정' 대화상자에서 [프로젝트] 항목–[자동 저장 주기]의 시간과 위치를 확인 및 조정하도록 합니다.

12 | 인트로 만들기

POINT

본격적으로 영상을 만들기 위해 먼저 미디어와 타이틀을 이용하여 인트로 페이지를 작성해 보도록 하겠습니다.

▌완성 화면 미리 보기

▌여기서 배워요!

인트로 클립 삽입하기, 타이틀 수정하기

인트로 클립 삽입하기

01 인트로 영상을 삽입하기 위해 [미디어]에서 [가져오기]-[미디어 파일 가져오기]를 차례대로 클릭합니다.

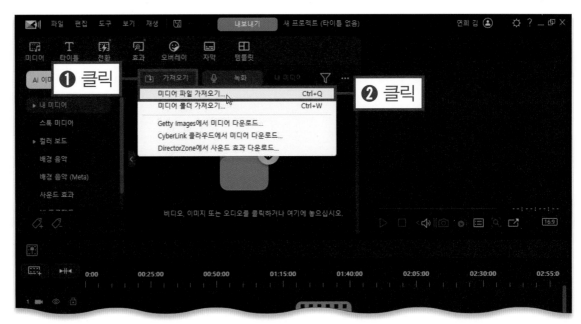

🥄 **조금 더 배우기**

동영상에 삽입되는 모든 개체들은 클립이라고 합니다.

02 [파워디렉터365]-[12장] 폴더에서 [b1.mp4] 파일을 선택한 다음 [열기] 버튼을 클릭합니다.

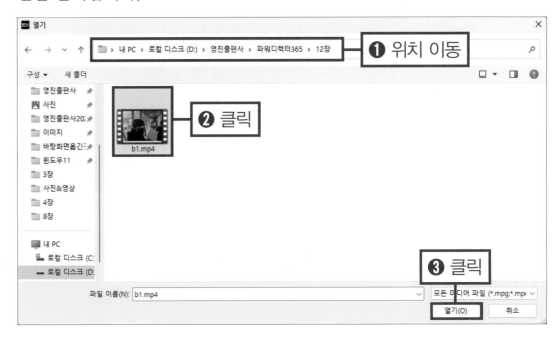

03 라이브러리에 불러온 [b1.mp4] 파일을 1번 트랙으로 드래그합니다.

🖐 **조금 더 배우기**

처음 영상을 삽입하면 그 클립에 필요한 기능 대화상자가 나타납니다. 처음에는 [취소] 버튼이 나타나
지 않기 때문에 먼저 [사용] 버튼을 클릭한 후 [취소] 버튼을 클릭하도록 합니다.

04 [타이틀]을 클릭합니다. '타이틀 검색'란에 '인용'을 입력한 후 목록에서 [인용
타이틀 16]을 2번 트랙으로 드래그합니다.

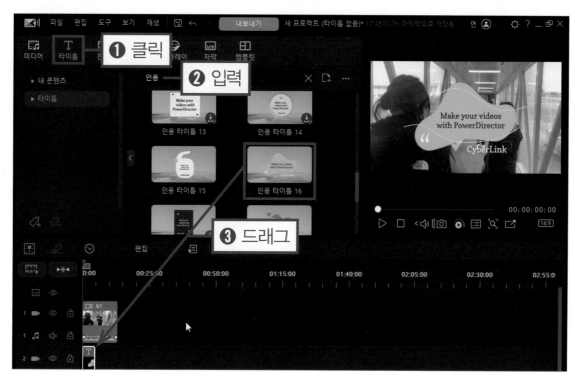

타이틀 수정하기

01 2번 트랙에 삽입된 '인용 타이틀 16'의 길이를 1번 트랙에 삽입된 동영상과 맞추기 위해 오른쪽 경계선에 마우스 포인터를 위치시킨 다음 좌우 화살표가 생기면 드래그하여 위 영상과 길이를 맞춥니다. '인용 타이틀 16'의 텍스트 내용을 바꾸기 위해 [타임헤더](▼)를 맨 앞 시작 지점까지 드래그한 다음 [인용 타이틀 16]을 더블 클릭합니다.

02 '모션 그래픽 타이틀' 대화상자가 나타나면 '텍스트 1'의 내용을 지웁니다.

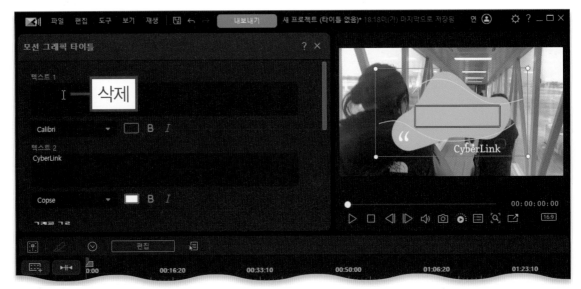

🖐 **조금 더 배우기**

[타임헤더](▼)는 문서로 하면 커서와 같습니다. '타임헤더' 위치 지점부터 영상이 실행됩니다. 위의 경우 '타임헤더'를 끝에 위치시킨 다음 더블 클릭하면 클립에 삽입된 문자를 확인할 수 없습니다.

03 아래와 같이 내용을 입력한 다음 3장에서 설치한 폰트를 선택합니다. 여기서는 [G마켓 산스 TTF Bold]를 설정했습니다.

04 아래 부제목도 같은 방법으로 변경한 다음 설정이 완료되면 [닫기](✖) 버튼을 클릭합니다.

🖋️ **조금 더 배우기**

❶ 글자색 변경: [표면 색상 변경] 버튼 클릭

여행 출발 영상 만들기

POINT

이번 장에서는 6장에서 만든 지도 이미지와 7장에서 만든 합성 이미지를 이용하여 출발 영상을 만들어 봅니다.

▎완성 화면 미리 보기

▎여기서 배워요!

이미지 삽입 및 비율 설정하기, 이미지 모션 삽입하기, 타이틀 편집하기

이미지 삽입 및 비율 설정하기

01 [파일]-[프로젝트 열기]를 차례대로 클릭합니다. [파워디렉터365]-[13장] 폴더에서 [13강(여행).psd]를 선택한 다음 [열기] 버튼을 클릭합니다.

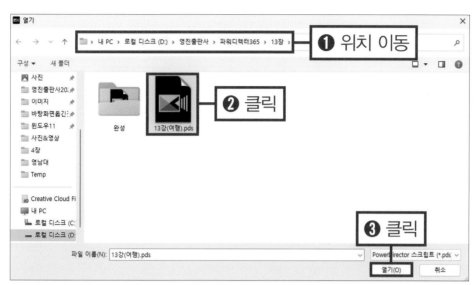

📎 조금 더 배우기

예제 영상을 불러올 때 앞서 작성한 클립들의 저장 위치 연결이 끊길 수 있습니다. 그럴 경우 메시지 창이 나타납니다. 여기서 [찾아보기]를 클릭하여 누락된 클립의 위치로 가서 다시 파일을 선택하여 열어주면 됩니다.

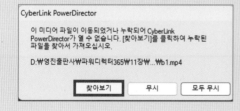

02 [미디어]에서 [가져오기](📥)-[미디어 파일 가져오기]를 차례대로 클릭합니다.

03 [파워디렉터365]-[13장] 폴더에서 [비행기.png], [지도.png], [하늘.jpg] 파일을 마우스로 드래그하여 전체 선택한 다음 [열기] 버튼을 클릭합니다.

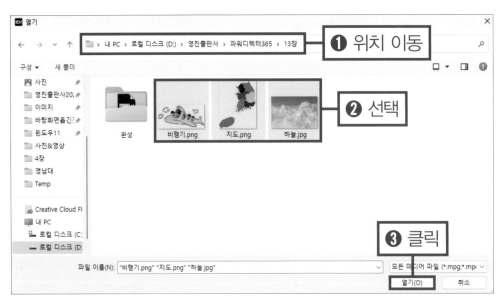

04 [하늘.jpg] 이미지를 1번 트랙 영상 뒤로 드래그해 삽입합니다.

🪝 **조금 더 배우기**

트랙에 삽입된 이미지가 너무 작게 보이면 하단 왼쪽의 [확대/축소](⚫━━━━⚫━━⚫) 버튼을 이용하여 확대합니다. 확대를 한다고 하여 이미지의 재생 시간이 길어지진 않습니다.

05 삽입한 이미지를 미리 보기 화면에서 확인해 보면 비율이 맞지 않아 좌우에 검은색 공간이 생깁니다. 비율을 조절하기 위해 [하늘.jpg] 위에 마우스 오른쪽 버튼을 누른 후 목록에서 [클립 형식 설정]–[이미지 늘이기 모드 설정]을 차례대로 클릭합니다.

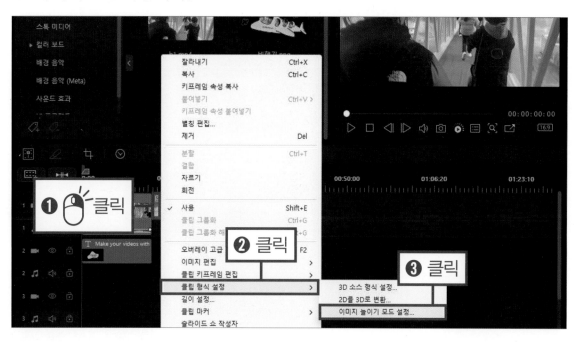

🖊 **조금 더 배우기**

파워디렉터 365의 기본 영상 비율은 16:9입니다.

06 '이미지 늘이기 모드 설정' 대화상자가 나타나면 [CLPV를 사용하여 클립을 16:9 화면 비율로...]를 선택한 다음 [확인] 버튼을 클릭합니다.

이미지 모션 삽입하기

01 [지도.png] 이미지를 '하늘.jpg' 아래 2번 트랙에 드래그해 삽입합니다.

02 [비행기.png] 이미지를 '지도.png' 아래 3번 트랙에 드래그한 후 수정하기 위해 더블 클릭합니다.

03 '이미지' 대화상자가 나타나면 [이미지 조절점]을 이용하여 크기를 줄인 다음 [회전 조절점](🔄)을 이용하여 아래와 같이 이미지를 회전시킵니다. [고급] 버튼을 클릭합니다.

04 [모션] 탭을 클릭한 후 '경로' 메뉴에서 아래와 같은 화살표를 선택합니다.

05 화살표의 [시작점]과 [끝점]을 이용해 아래와 같이 배치한 다음 [재생](▷)
버튼을 클릭하여 확인합니다. [확인]−[닫기](✕)를 차례대로 클릭합니다.

　🎵 **조금 더 배우기**

선을 자유자재로 드래그하며 위치를 조정하도록 합니다.

타이틀 편집하기

01 3번 트랙 아래 4번 트랙을 삽입하기 위해 트랙 부분에 마우스 오른쪽 버튼을 클릭한 후 [트랙 추가]를 클릭합니다.

02 '트랙 관리자' 대화상자가 나타나면 '비디오 및 오디오'의 '위치' 메뉴에서 [트랙 1 위]를 클릭한 다음 목록에서 [트랙 3 아래]를 선택합니다. [확인]을 클릭합니다.

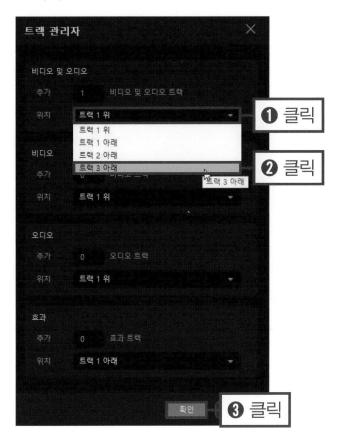

03 [타이틀]을 클릭합니다. [여행]을 입력한 후 [여행 타이틀 08]을 4번 트랙으로 드래그하여 삽입합니다. 이후 3번 트랙과 같이 끝나도록 드래그해 조절합니다. [여행 타이틀 08]을 수정하기 위해 더블 클릭합니다.

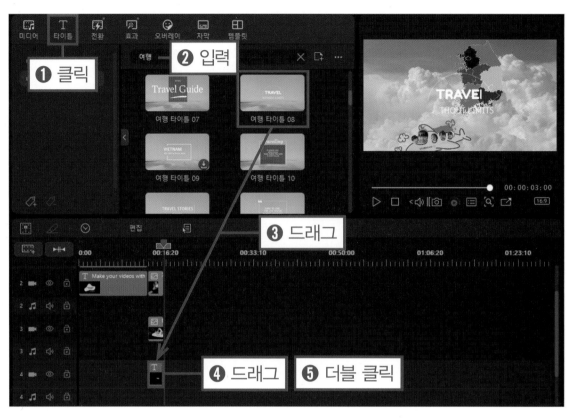

04 '모션 그래픽 타이틀' 대화상자가 나타나면 [정지](■) 버튼을 클릭하여 재생 위치를 처음으로 지정한 후 부제목을 클릭합니다. 자막을 'Jeju'라고 수정하고 위치를 조정한 후 [닫기](✖) 버튼을 클릭합니다.

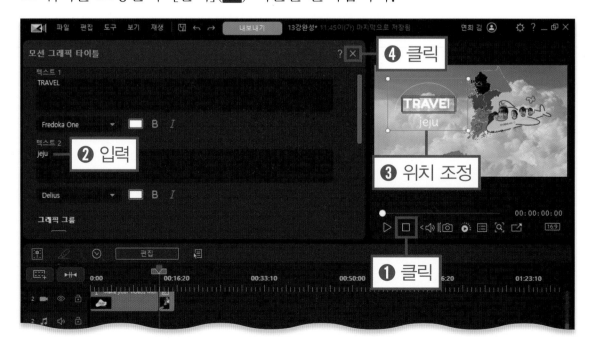

05 완성된 영상을 [재생](▷) 버튼을 클릭하여 확인합니다.

사진으로 슬라이드 쇼 설정하기

POINT

불러온 사진을 이용하여 슬라이드 쇼를 설정하는 기능을 익혀봅니다.

▌완성 화면 미리 보기

▌여기서 배워요!

이미지 불러오기, 슬라이드 쇼 설정하기

사진 불러오기

01 [파일]-[프로젝트 열기]를 클릭합니다. [파워디렉터365]-[14장] 폴더에서 [14강(여행).psd]를 선택하고 [열기] 버튼을 클릭합니다. [미디어]에서 [가져오기](📥)-[미디어 파일 가져오기]를 차례대로 클릭합니다. [14장] 폴더에서 [d1~d5.jpg] 파일을 드래그하여 전체 선택한 다음 [열기] 버튼을 클릭합니다.

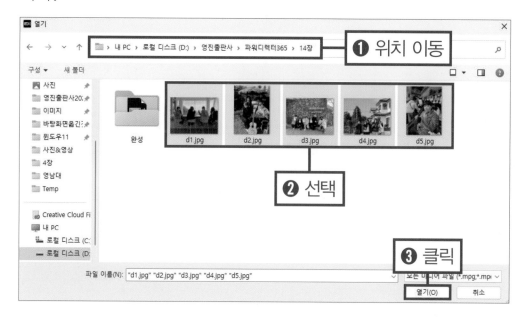

02 라이브러리에 추가된 [d1~d5.jpg] 파일을 Shift 를 누른 상태로 모두 선택한 후 1번 트랙으로 드래그해 삽입합니다.

03 삽입한 이미지가 선택된 상태로 [더 많은 기능]()-[슬라이드 쇼 작성자]를
차례대로 클릭합니다.

04 '슬라이드 쇼 작성자' 대화상자가 나타나면 [콜라주]를 선택하고 [다음] 버튼
을 클릭합니다.

조금 더 배우기

'슬라이드 쇼 작성자'는 이미지를 꾸미고 배경 음악을 삽입할 수 있어 간단히 영상을 만들 수 있습니다.

05 [재생](▷) 버튼을 클릭하여 영상을 확인하고 [다음] 버튼을 클릭합니다.

06 '제작 설정' 화면이 나타나면 [고급 편집]을 클릭합니다. '타임라인에 추가' 대화상자가 나타나면 [확인] 버튼을 클릭합니다.

07 이미지가 슬라이드 영상으로 변경된 것을 확인할 수 있습니다.

조금 더 배우기

삽입된 슬라이드 영상을 편집하거나 제거할 때는 작성된 슬라이드 영상에서 마우스 오른쪽 버튼을 클릭한 다음 [슬라이드 작성자에서 편집]이나 [슬라이드 쇼 효과 제거]를 클릭합니다.

15

동영상 조정하기

이번 장에서는 동영상의 속도 조절 방법과 자르기를 이용하여 영상 만드는 법을 알아봅니다.

완성 화면 미리 보기

여기서 배워요!

동영상 속도 조절하기, 동영상 자르기

동영상 속도 조절하기

01 [파일]-[프로젝트 열기]를 클릭합니다. [파워디렉터365]-[15장] 폴더에서
[15강(여행).psd]를 선택하고 [열기] 버튼을 클릭합니다. [미디어]에서 [가져
오기](📥)-[미디어 파일 가져오기]를 차례대로 클릭합니다. [15장] 폴더에
서 [e1, e2.mp4] 파일을 각각 선택한 다음 [열기] 버튼을 클릭합니다.

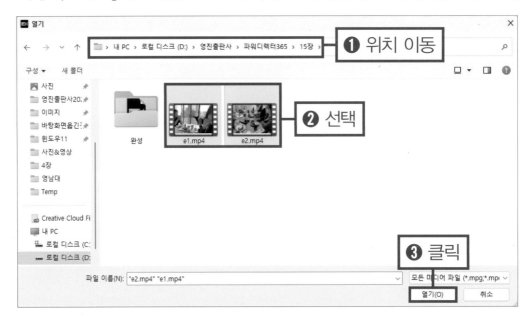

02 라이브러리에 추가된 [e1.mp4] 파일을 1번 트랙으로 드래그해 삽입합니다.

03 '기능 단추 표시줄'에서 [편집] 버튼을 클릭합니다. 상단의 [도구] 그룹에서 [비디오 속도]를 클릭합니다.

04 '비디오 속도 디자이너' 대화상자가 나타나면 왼쪽 항목에 '속도 증폭기'의 숫자를 '3'으로 입력합니다. [재생](▶) 버튼을 클릭하여 속도를 확인한 후 [확인] 버튼을 클릭합니다.

조금 더 배우기

속도 증폭기에 숫자를 배속이라고 합니다. 기본은 1배속이고 배속의 숫자가 높을수록 영상 재생 속도가 빨라집니다. 속도가 낮을수록 영상이 느리게 재생됩니다. 혹 배속을 늘리고 줄일 때 소리가 따라오지 않고 나오지 않는다면 컴퓨터 시스템의 성능을 체크해 보세요.

05 1번 트랙의 동영상 길이가 줄어든 것을 확인한 후 상단 가운데의 [닫기](❌)
버튼을 클릭하여 '편집' 항목을 닫습니다.

06 [타이틀]을 클릭합니다. [미니멀리스트]를 검색한 후 [미니멀리...틀 06]을 2
번 트랙으로 드래그해 삽입합니다. 길이를 1번 트랙과 동일하게 끝나도록 드
래그해 조절합니다. [정지](⏹) 버튼을 클릭하여 재생 위치를 처음으로 지정
합니다. [미니멀리...틀 06]을 더블 클릭합니다.

07 '모션 그래픽 타이틀' 대화상자가 나타나면 각각의 문구를 클릭하여 '숙소에서 아침식사', 'with friends'로 수정한 다음 [닫기](■) 버튼을 클릭합니다.

STEP 02 **동영상 자르기**

01 라이브러리에 추가된 [e2.mp4] 파일을 1번 트랙으로 드래그해 삽입합니다. '미리 보기' 창의 '재생 시간 수치'를 '00:00:18:00'로 입력하고 Enter를 누릅니다.

02 '기능 단추 표시줄'에서 [선택한 클립 분할]() 버튼을 클릭합니다. 동영상이 두 개로 나눠진 것을 확인할 수 있습니다.

03 뒤쪽 영상을 지우기 위해 Delete 를 누릅니다.

혼자서도 만들 수 있어요!

1 앞서 만든 'e2.mp4'의 영상 속도를 3배속으로 지정해 보세요.

hint '기능 단추 표시줄'에서 [편집] 버튼을 클릭한 다음 상단의 [도구] 그룹에서 [비디오 속도]를 클릭 → '비디오 속도 디자이너' 대화상자가 나타나면 왼쪽 항목의 '속도 증폭기' 숫자를 '3'으로 입력한 다음 [재생](▶) 버튼을 클릭하여 속도를 확인한 후 [확인] 버튼을 클릭

2 [타이틀]을 이용하여 아래와 같이 작성해 보세요.

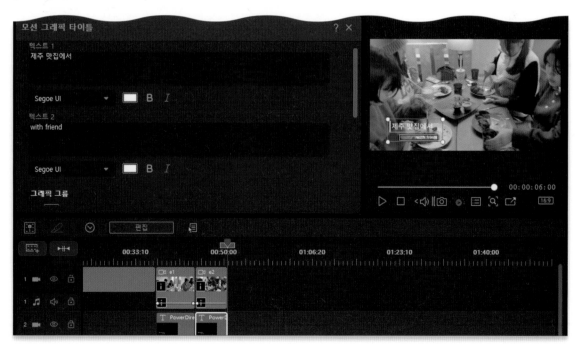

hint [타이틀]-[미니멀리...틀 06]을 선택하여 2번 트랙으로 드래그 → 길이 조절 후 [미니멀리...틀 06]을 더블 클릭 → '모션 그래픽 타이틀' 대화상자가 나타나면 [정지](■) 버튼을 클릭하여 재생 위치를 처음으로 지정한 후 '제주 맛집에서', 'with friends'로 수정한 다음 [확인] 버튼을 클릭

16

효과 기능으로
동영상 꾸미기

효과들 중 바디 효과로 이미지를 다이나믹하게 만들어 보고 동영상에 숨길 부분을 모자이크 처리해 보겠습니다.

▌ 완성 화면 미리 보기

▌ 여기서 배워요!

효과 적용하기, 모자이크 효과 적용하기

01 [파일]–[프로젝트 열기]를 클릭합니다. [파워디렉터365]–[16장] 폴더에서 [16강(여행).psd]를 선택하고 [열기] 버튼을 클릭합니다. [미디어]에서 [가져 오기](🔛)–[미디어 파일 가져오기]를 차례대로 클릭합니다. [16장] 폴더에 서 [f1, f2.mp4] 파일을 각각 선택한 다음 [열기] 버튼을 클릭합니다.

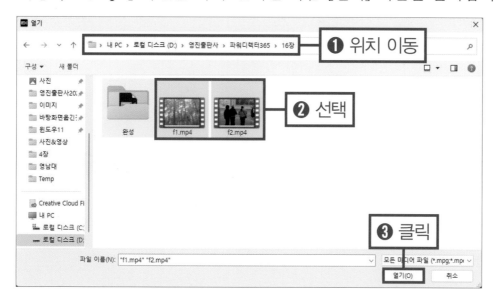

02 라이브러리에 추가된 [f1.mp4] 파일을 선택한 다음 1번 트랙으로 드래그해 삽입합니다.

03 '미리 보기' 창의 재생 시간을 [00:00:18:00]로 입력한 후 Enter를 누릅니다.

04 '기능 단추 표시줄'에서 [선택한 클립 분할](✎) 버튼을 클릭합니다. 동영상이 두 개로 나누어지면 Delete를 눌러 뒤의 영상을 지웁니다.

05 [효과]를 클릭합니다. [바디 효과]-[낙서 01]을 차례대로 클릭한 후 1번 트랙 [f1.mp4]로 드래그하여 겹칩니다.

06 [효과적용]( ) 버튼을 클릭한 다음 '효과'에서 [낙서 01]을 클릭합니다. '효과 설정' 대화상자가 나타나면 '속도', '크기', '휴 시프트'를 원하는 대로 조절한 후 [닫기]( ) 버튼을 클릭합니다.

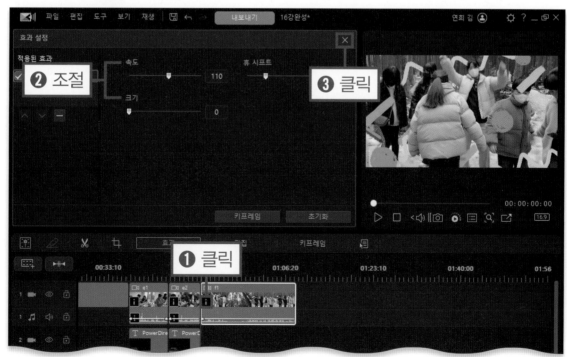

조금 더 배우기

- **속도** : 움직이는 애니메이션 속도를 조절합니다.
- **크기** : 움직이는 개체들의 크기를 조절합니다.
- **휴 시프트** : 움직이는 이미지들의 색상을 변경합니다.

모자이크 효과 적용하기

01 라이브러리에 추가된 [f2.mp4] 파일을 선택한 다음 1번 트랙의 'F1' 옆으로 드래그합니다.

02 [효과]를 클릭한 후 [스타일 효과]를 클릭합니다. [모자이크]를 선택해 1번 트랙 [f2.mp4]로 드래그하여 겹칩니다.

03 [효과적용](■) 버튼을 클릭한 다음 '효과'에서 [모자이크]를 클릭합니다. '효과 설정' 대화상자가 나타나면 [수정] 버튼을 클릭합니다.

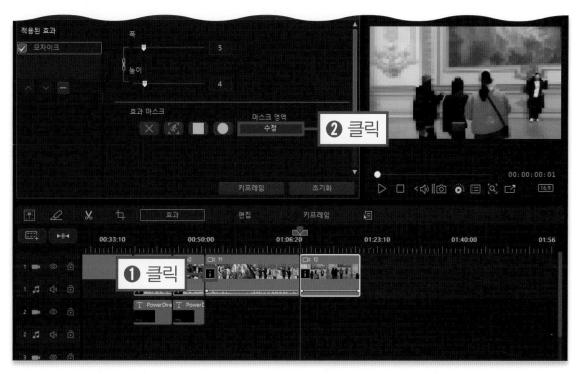

04 '마스크' 대화상자가 나타나면 조절점을 이용하여 그림과 같이 모자이크 처리할 부분으로 드래그하여 조절한 다음 [확인] 버튼을 클릭합니다.

05 영상을 확인하며 여러 번 모자이크 위치를 반복으로 조절한 다음 [닫기](█) 버튼을 클릭합니다.

콜라주 기능 적용하기

POINT

여러 장의 사진과 영상을 합쳐서 한 화면에 보여주는 콜라주 기능을 익히고 입자와 비디오
오버레이에 있는 기능으로 콜라주 영상을 꾸며 봅니다.

▌완성 화면 미리 보기

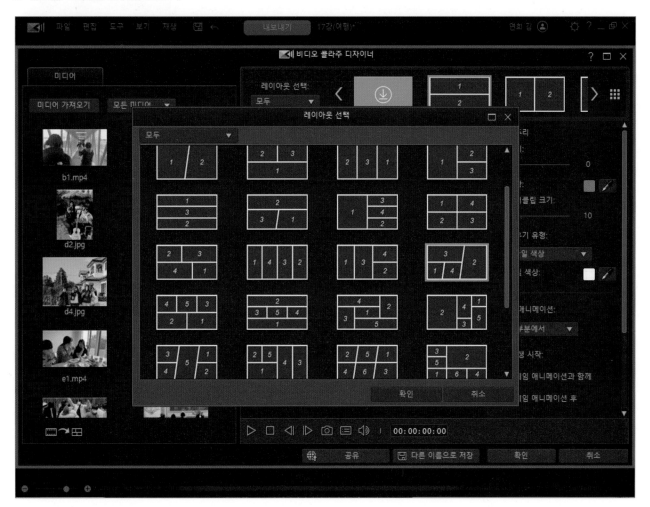

▌여기서 배워요!

콜라주 만들기, 콜라주 다듬기, 입자와 비디오 오버레이 적용하기

01 [파일]-[프로젝트 열기]를 클릭합니다. [파워디렉터365]-[17장] 폴더에서 [17강(여행).psd]를 선택하고 [열기] 버튼을 클릭합니다. [미디어]에서 [가져오기](📥)-[미디어 파일 가져오기]를 차례대로 클릭합니다. [17장] 폴더에서 [g1.mp4, g2~g7.jpg] 파일을 드래그하여 전체 선택한 다음 [열기] 버튼을 클릭합니다.

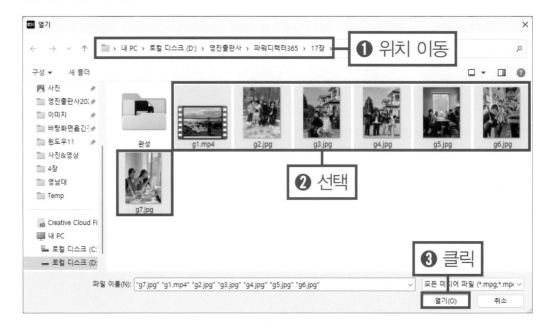

02 [도구]-[비디오 콜라주 디자이너]를 차례대로 클릭합니다.

03 '비디오 콜라주 디자이너' 대화상자가 나타나면 [콜라주 템플릿 라이브러리 보기](■) 버튼을 클릭합니다. '레이아웃 선택' 대화상자가 나타나면 아래와 같이 선택한 후 [확인] 버튼을 클릭합니다.

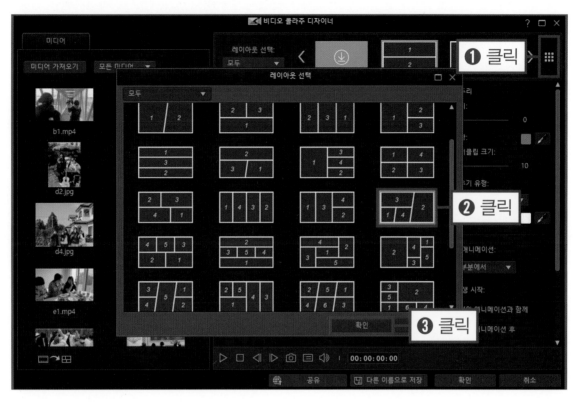

04 [미디어] 탭에서 [g1.mp4]를 콜라주 3번에 드래그하여 배치합니다.

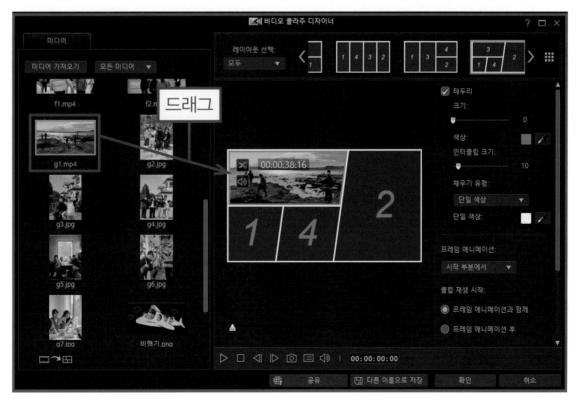

05 [g6.jpg]를 콜라주 2번에 드래그하여 배치합니다. [이미지 확대 조절] (⊟ •• ⊕) 버튼을 이용하여 이미지를 조금 확대합니다.

06 [g4, g5.jpg] 파일을 아래와 같이 나머지 영역에 드래그하여 배치합니다.

콜라주 다듬기

01 영상의 길이를 줄이기 위해 삽입된 영상 영역에 마우스 포인터를 위치시킨 후 [다듬기](✂) 버튼을 클릭합니다.

02 '다듬기' 대화상자가 나타나면 하단의 [끝 조절점]을 앞으로 드래그하여 줄인 다음 [다듬기] 버튼을 클릭합니다.

03 영상의 소리를 없애기 위해 영상 영역에 마우스 포인터를 위치시킨 후 [음소 거](🔇) 버튼을 클릭합니다.

04 설정이 완료되면 [재생](▷) 버튼을 클릭하여 확인하고 [확인] 버튼을 클릭 합니다.

05 다시 [도구]–[비디오 콜라주 디자이너]를 차례대로 클릭합니다. '비디오 콜라주 디자이너' 대화상자가 나타나면 [콜라주 템플릿 라이브러리 보기](▦) 버튼을 클릭합니다. '레이아웃 선택' 대화상자가 나타나면 아래와 같이 선택한 후 [확인] 버튼을 클릭합니다.

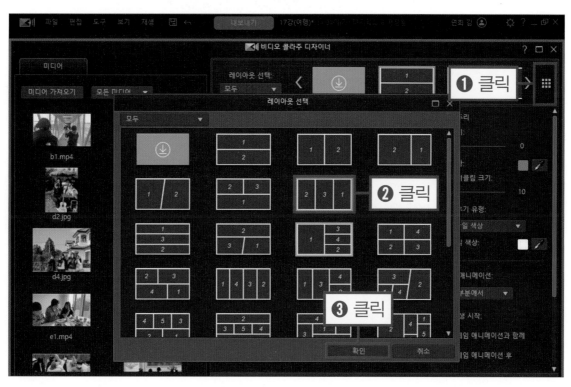

06 아래와 같이 [g2, g3, g7.jpg]를 각각 드래그해 배치한 다음 [확인] 버튼을 클릭합니다.

입자와 비디오 오버레이 적용하기

01 [오버레이]-[입자]에서 [불꽃놀이 04]를 2번 트랙으로 드래그합니다. 1번 트랙에 콜라주 영상과 같이 끝나도록 길이를 조절합니다.

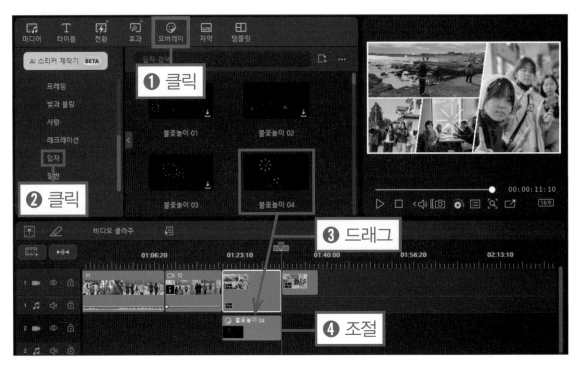

02 이번에는 [스티커]-[장식]을 차례대로 클릭합니다. [장식 스티커 46]을 2번 트랙으로 드래그한 후 길이를 1번 트랙에 콜라주 영상과 같이 끝나도록 조절합니다.

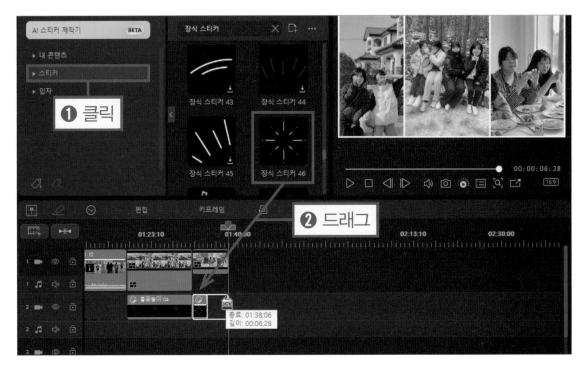

CHAPTER 18

인트로/아웃트로 비디오 기능으로 엔딩 영상 만들기

파워디렉터 365에서는 인트로와 엔딩을 쉽게 만들 수 있도록 템플릿이 주어집니다. 여기서는 인트로/아웃트로 비디오를 이용하여 엔딩 영상을 만들어 봅니다.

▌완성 화면 미리 보기

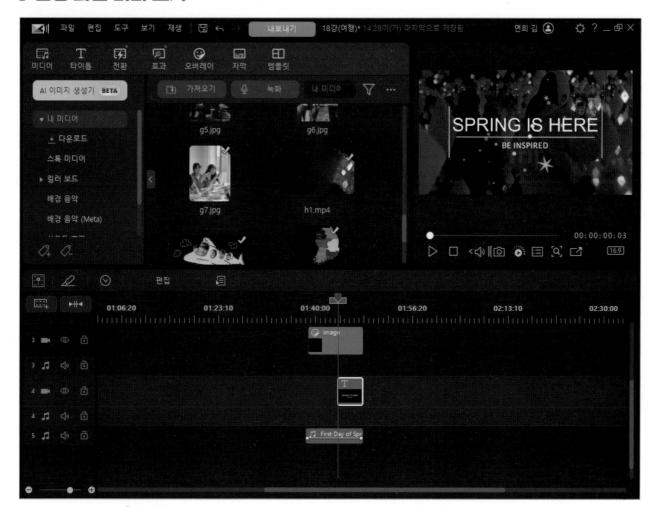

▌여기서 배워요!

인트로/아웃트로 비디오 영상 삽입하기, 텍스트 편집하기

인트로/아웃트로 비디오 영상 삽입하기

01 [파일]-[프로젝트 열기]를 클릭합니다. [파워디렉터365]-[18장] 폴더에서 [18강(여행).psd]를 선택하고 [열기] 버튼을 클릭합니다. [가져오기](📥)-[미디어 파일 가져오기]를 차례대로 클릭합니다. [18장] 폴더에서 [h1.mp4] 파일을 선택한 다음 [열기] 버튼을 클릭합니다.

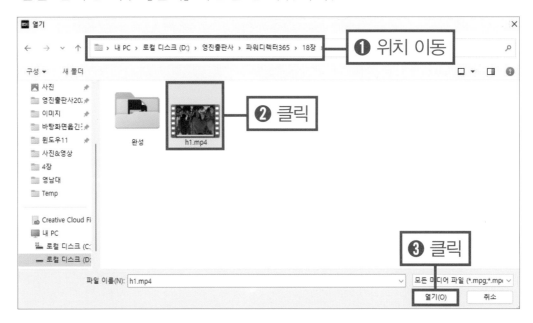

02 [템플릿]-[인트로]에서 [여행]을 클릭합니다. [SPRING] 영상을 1번 트랙으로 드래그하여 삽입합니다.

03 '편집' 대화상자가 나타나면 [아니요] 버튼을 클릭합니다.

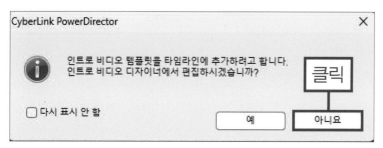

🎣 조금 더 배우기

[예] 버튼을 클릭하면 영상의 템플릿을 수정할 수는 있지만, 그 수정한 부분이 다시 템플릿으로 저장되므로 영상을 정확히 만들 수 없습니다. 그러므로 바로 삽입하여 편집할 수 있도록 [아니요] 버튼을 클릭합니다.

04 영상을 바꾸기 위해 [미디어]에 추가된 [h1.mp4] 파일을 1번 트랙의 영상 부분에 겹칩니다. 메뉴가 나타나면 [바꾸기]를 클릭합니다.

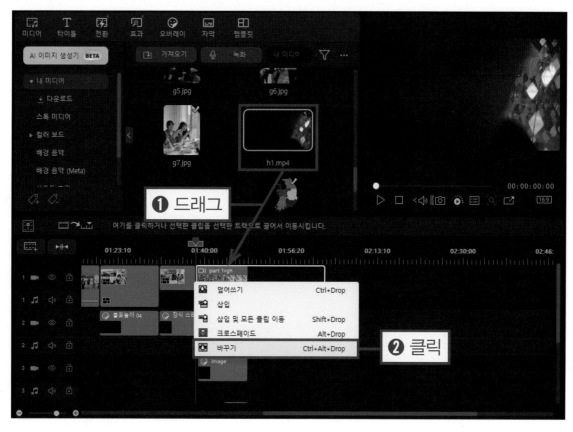

🎣 조금 더 배우기

바꾸기를 클릭해야 영상의 길이가 원래 삽입된 영상의 길이와 같아집니다. 다른 항목을 선택하면 영상 길이를 수정하는 작업을 한 번 더 해야 합니다.

05 영상의 길이가 수정되면서 삽입된 것을 알 수 있습니다.

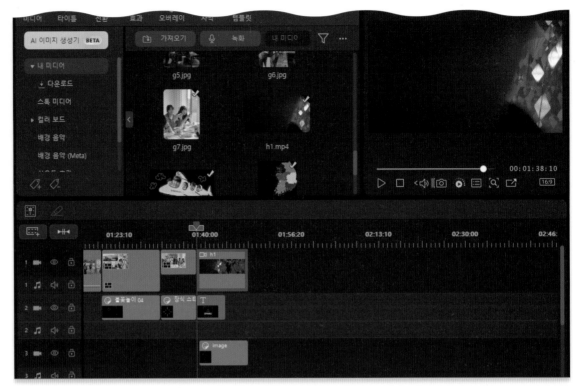

STEP 02 **텍스트 편집하기**

01 텍스트를 수정하기 위해 2번 트랙에 삽입된 텍스트 영상을 더블 클릭합니다.

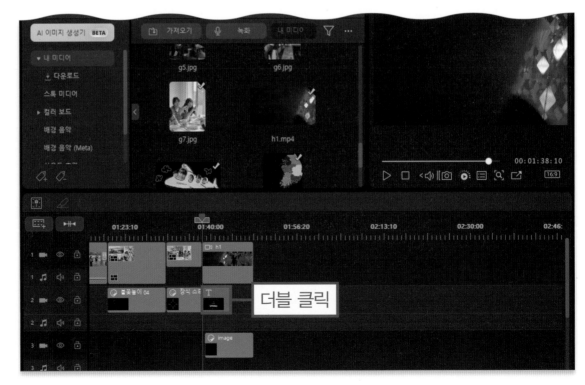

02 '모션 그래픽 타이틀' 대화상자가 나타나면 아래와 같이 'our friendship / Trip'을 입력한 다음 [닫기](✕) 버튼을 클릭합니다.

03 이번에는 4번 트랙에 삽입된 텍스트 영상을 더블 클릭합니다.

04 '모션 그래픽 타이틀' 대화상자가 나타나면 아래와 같이 'FRIENDSHIP / last forever'를 입력한 다음 [닫기](❌) 버튼을 클릭합니다.

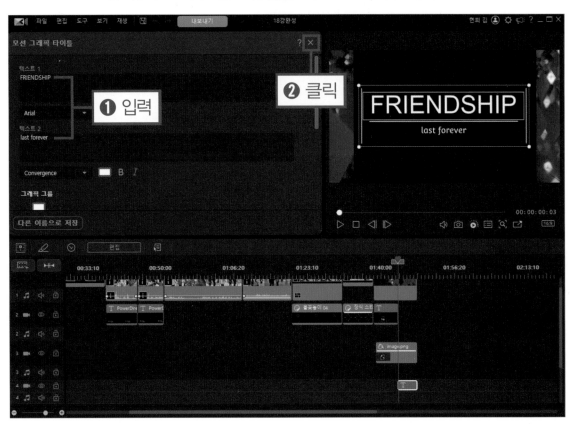

19 | 음악 삽입하기

영상에서 음악은 매우 중요한 부분입니다. 이번 장에서는 다운로드받은 음악을 삽입하고 편집하는 방법을 알아봅니다.

▌완성 화면 미리 보기

▌여기서 배워요!

음악 삽입하기, 음악 페이드 아웃 효과 주기, 영상 소리 삭제하기

음악 삽입하기

01 [파일]–[프로젝트 열기]를 클릭합니다. [파워디렉터365]–[19장] 폴더에서 [19강(여행).psd]를 선택하고 [열기] 버튼을 클릭합니다. [가져오기](📥)–[미디어 파일 가져오기]를 차례대로 클릭합니다. [19장] 폴더에서 [creative-minds.mp3, funday.mp3] 파일을 선택한 다음 [열기] 버튼을 클릭합니다.

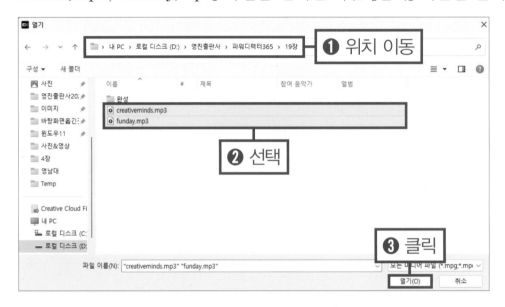

02 [라이브러리 미디어 필터링](🔽) 버튼을 클릭한 후 [오디오만]을 클릭합니다. [creativeminds.mp3]를 2번 소리 트랙에 드래그하여 삽입합니다.

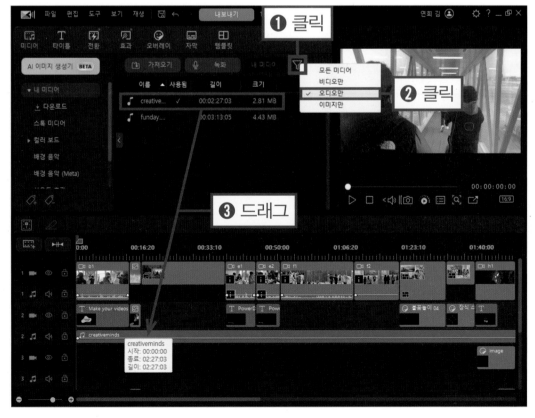

03 [슬라이드 쇼] 기능으로 만든 영상 앞으로 [타임헤더]를 위치시킨 후 2번 트랙에 삽입한 음악을 다시 클릭합니다.

💧 **조금 더 배우기**

[타임헤더]의 위치를 영상의 앞뒤에 정확히 위치시키려면 키보드의 Home과 End를 누르면 됩니다.

04 '기능 단추 표시줄'에서 [선택한 클립 분할](✏️) 버튼을 클릭합니다. 뒤쪽 음악을 지우기 위해 뒷부분이 선택된 상태에서 Delete를 누른 후 [간격 제거 및 만들기]를 클릭합니다.

05 뒤에 이어서 [funday.mp3]를 2번 소리 트랙에 드래그합니다.

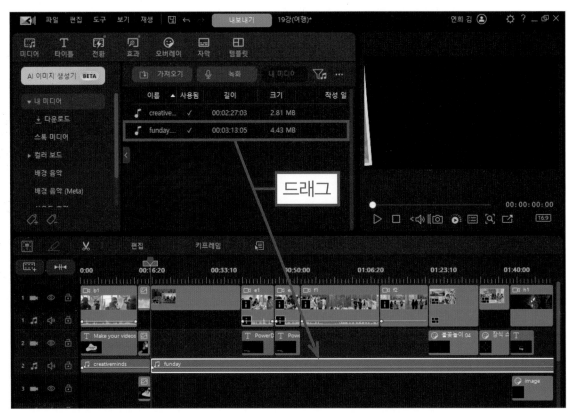

06 엔딩 영상에 [타임헤더]를 위치시킨 후 2번 트랙에 삽입한 음악을 클릭합니다.

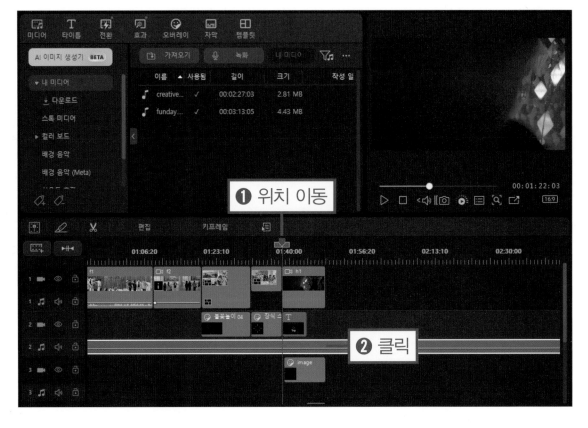

07 '기능 단추 표시줄'에서 [선택한 클립 분할](✐) 버튼을 클릭합니다. 뒤쪽 음악을 지우기 위해 뒷부분을 선택한 다음 Delete 를 누릅니다.

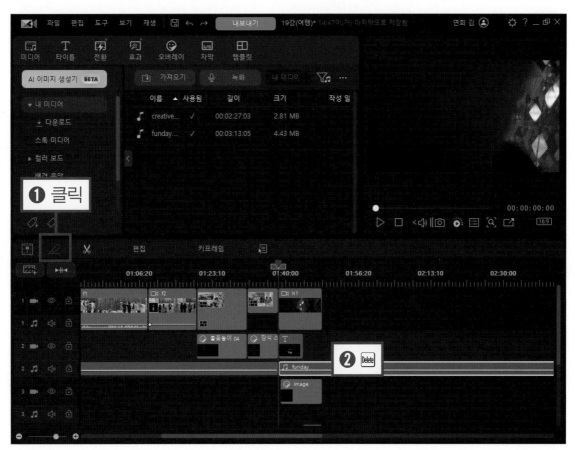

🌙 **조금 더 배우기**

뒤에 영상이나 음악 등 삽입된 클립이 없으므로 바로 삭제됩니다.

01 첫 번째 음악의 끝부분이 자연스럽게 사라지도록 Ctrl을 누른 상태에서 클릭하여 [키프레임(흰점)]을 삽입합니다.

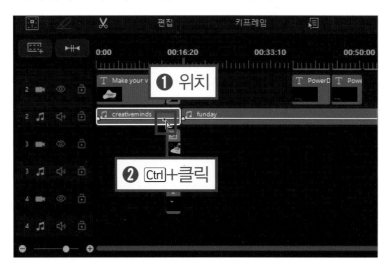

🖉 **조금 더 배우기**

- **[키프레임(흰점)] 삭제하기** : Ctrl을 누른 상태에서 흰점에 마우스 포인터를 올린 후 클릭합니다.
- **[키프레임(흰점)] 위치 변경하기** : [키프레임(흰점)]을 삽입한 후 마우스 포인터를 점에 올리면 빨간 점으로 바뀝니다. 이때 빨간 점을 드래그하여 점의 위치를 변경합니다.

02 Ctrl을 누른 상태로 끝부분을 아래로 드래그하여 경사를 만들어 음악이 자연스럽게 사라지게 합니다.

🖉 **조금 더 배우기**

- **페이드 인** : 점점 보이거나 점점 들리는 기능
- **페이드 아웃** : 점점 사라지는 기능

03 두 번째 음악도 위와 같이 페이드 아웃 기능을 적용해 봅니다.

STEP 03 **영상 소리 삭제하기**

01 첫 번째 영상의 소리를 없애기 위해 1번 트랙에 삽입된 영상 위에 마우스 오른쪽 버튼을 누른 후 [비디오와 오디오 링크/링크 해제]를 클릭합니다.

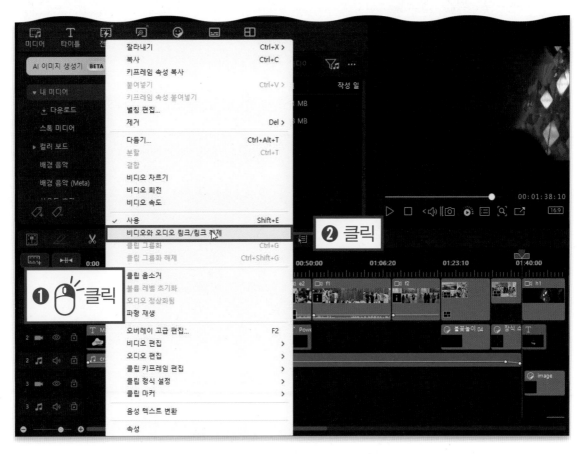

02 영상과 소리가 나누어지면 소리를 클릭한 후 Delete를 누른 다음 목록에서 [간격 제거 및 만들기]를 클릭합니다.

03 소리가 삭제된 것을 확인할 수 있습니다.

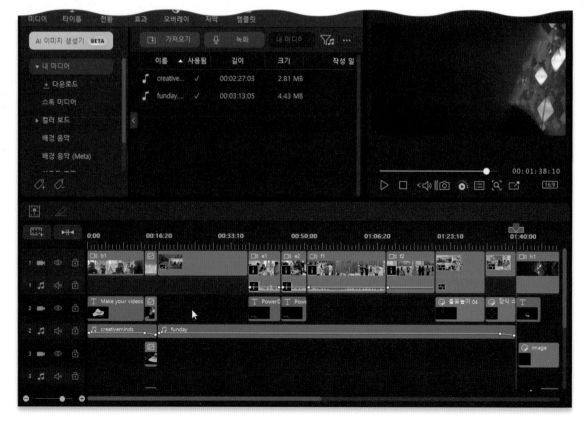

20 동영상으로 저장하기

앞서 만든 동영상을 편집 파일로 저장하는 방법과 동영상으로 저장하는 방법을 알아봅니다.

▌완성 화면 미리 보기

▌여기서 배워요!

편집 파일로 저장하기, 동영상으로 내보내기

편집 파일로 저장하기

01 [파일]-[프로젝트 열기]를 차례대로 클릭합니다. [파워디렉터365]-[20장]
폴더에서 [20강(여행).psd]를 선택한 다음 [열기] 버튼을 클릭합니다.

02 [파일]-[다른 이름으로 프로젝트 저장]을 차례대로 클릭한 다음 원하는 위치
에 저장합니다.

💧 **조금 더 배우기**

파워디렉터 365 파일의 확장자는 '.psd'입니다. 참고로 파워디렉터의 하위 버전에서는 상위 버전을
열 수가 없습니다. 이점 유의하세요.

STEP 02 | 동영상으로 내보내기

01 동영상으로 저장하기 위해 상단 가운데의 [내보내기] 버튼을 클릭합니다.

02 '동영상 저장하기' 화면이 나타나면 [Windows Media]를 선택한 다음 '프로필 유형'에서 Windows Media Video 9 FullHD 1920x1080/24p (10 Mbps)]를 선택합니다. 저장 위치를 변경하기 위해 [저장 위치](■■■) 버튼을 클릭합니다.

🖋 조금 더 배우기

교재는 윈도우에서 무조건 열리는 'wmv'로 저장합니다.

03 저장 위치를 선택한 후 [저장] 버튼을 클릭합니다. 보기는 [바탕화면]에 저장했습니다.

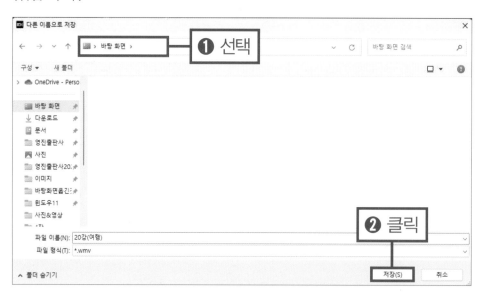

04 설정 사항이 완료되면 아래 [시작] 버튼을 클릭합니다.

🖉 **조금 더 배우기**

영상의 시간이 길수록 저장 시간이 길어질 수 있습니다.

05 영상이 제작 중인 것을 확인할 수 있습니다.

06 제작이 완료되면 상단 오른쪽의 [닫기](❌) 버튼을 클릭합니다.

클릭

07 바탕화면에 '20강(여행).wmv' 파일이 저장된 것을 확인한 후 더블 클릭합니다.

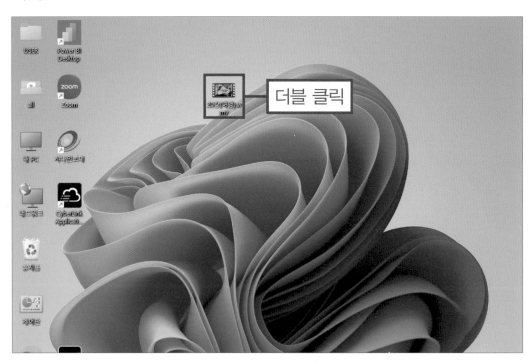

08 영상이 실행되는 것을 확인할 수 있습니다.

쓱 하고 싹 배우는
파워디렉터 365

1판 1쇄 발행 2023년 12월 8일

저　자 | 김영미
발행인 | 김길수
발행처 | ㈜영진닷컴
주　소 | 서울특별시 금천구 가산디지털1로 128 STX-V 타워 4층 401호
등　록 | 2007. 4. 27. 제16-4189호

ⓒ2023. ㈜영진닷컴

ISBN 978-89-314-6971-4